SAGA

47 都道府県ご当地文化百科

佐賀県

丸善出版 編

丸善出版

刊行によせて

　「47都道府県百科」シリーズは、2009年から刊行が開始された小百科シリーズである。さまざまな事象、名産、物産、地理の観点から、47都道府県それぞれの地域性をあぶりだし、比較しながら解説することを趣旨とし、2024年現在、既に40冊近くを数える。

　本シリーズは主に中学・高校の学校図書館や、各自治体の公共図書館、大学図書館を中心に、郷土資料として愛蔵いただいているようである。本シリーズがそもそもそのように、各地域間を比較できるレファレンスとして計画された、という点からは望ましいと思われるが、長年にわたり、それぞれの都道府県ごとにまとめたものもあれば、自分の住んでいる都道府県について、自宅の本棚におきやすいのに、という要望が編集部に多く寄せられたそうである。

　そこで、シリーズ開始から15年を数える2024年、その要望に応え、これまでに刊行した書籍の中から30タイトルを選び、47都道府県ごとに再構成し、手に取りやすい体裁で上梓しよう、というのが本シリーズの趣旨だそうである。

　各都道府県ごとにまとめられた本シリーズの目次は、まずそれぞれの都道府県の概要（知っておきたい基礎知識）を解説したうえで、次のように構成される（カギカッコ内は元となった既刊のタイトル）。

Ⅰ　歴史の文化編
　「遺跡」「国宝／重要文化財」「城郭」「戦国大名」「名門／名家」
　「博物館」「名字」
Ⅱ　食の文化編
　「米／雑穀」「こなもの」「くだもの」「魚食」「肉食」「地鶏」「汁

物」「伝統調味料」「発酵」「和菓子 / 郷土菓子」「乾物 / 干物」

Ⅲ　営みの文化編

「伝統行事」「寺社信仰」「伝統工芸」「民話」「妖怪伝承」「高校野球」「やきもの」

Ⅳ　風景の文化編

「地名由来」「商店街」「花風景」「公園 / 庭園」「温泉」

　土地の過去から始まって、その土地と人によって生み出される食文化に進み、その食を生み出す人の営みに焦点を当て、さらに人の営みの舞台となる風景へと向かっていく、という体系を目論んだ構成になっているようである。

　この目次構成は、一つの都道府県の特色理解と、郷土への関心につながる展開になっていることがうかがえる。また、手に取りやすくなった本書は、それぞれの都道府県に旅するにあたって、ガイドブックと共に手元にあって、気になった風景や寺社、歴史に食べ物といったその背景を探るのにも役立つことだろう。

＊　　　＊　　　＊

　さて、そもそも47都道府県、とは何なのだろうか。47都道府県の地域性の比較を行うという本シリーズを再構成し、47都道府県ごとに紹介する以上、この「刊行によせて」でそのことを少し触れておく必要があるだろう。

　日本の古くからの地域区分といえば、「五畿七道と六十余州」と呼ばれる、京都を中心に道沿いに区分された8つの地域と、66の「国」ならびに2島に分かつ区分が長年にわたり用いられてきた。律令制の時代に始まる地域区分は、平安時代の国司制度はもちろんのこと、武家政権時代の国ごとの守護制度などにおいて（一部の広すぎる国、例えば陸奥などの例外はあるとはいえ）長らく政治的な区分でもあった。江戸時代以降、政治的区分としては「三百諸侯」とも称される大名家の領地区分が実効的なものとなるが、それでもなお、令制国一国を領すると見なされた大名を「国持」と称するなど、この区分は日本列島の人々の念頭に残り続けた。

　それが大きく変化するのは、明治維新からである。まず地方区分

は旧来のものにさらに「北海道」が加わり、平安時代以来の陸奥・出羽の広大な範囲が複数の「国」に分割される。政治上では、まずは京・大阪・東京の大都市である「府」、中央政府の管理下にある「県」、各大名家に統治権を返上させたものの当面存続する「藩」に分割された区分は、大名家所領を反映して飛び地が多く、中央集権のもとで中央政府の政策を地方に反映させることを目指した当時としては、極めて使いづらいものになっていた。そこで、まずはこれら藩が少し整理のうえ「県」に移行する。これがいわゆる「廃藩置県」である。これらの統合が順次進められ、時にあまりに統合しすぎて逆に非効率だと慌てつつ、1889年、ようやく1道3府43県という、現在の47の区分が確定。さらに第2次世界大戦中の1943年に東京府が「東京都」になり、これでようやく1都1道2府43県、すなわち「47都道府県」と言える状態になったのである。これが現在からおよそ80年前のことである。また、この間に地方もまとめ直され、京都を中心とみるのではなく複数のブロックで扱うことが多くなった。本シリーズで使っている区分で言えば、北海道・東北・関東・北陸・甲信・東海・近畿・中国・四国・九州及び沖縄の10地方区分だが、これは今も分け方が複数存在している。

　だいたいどのような地域区分にも言えることではあるのだが、地域区分は人が引いたものである以上、どこかで恣意的なものにはなる。一応1500年以上はある日本史において、この47都道府県という区分が定着したのはわずか80年前のことに過ぎない。かといって完全に人工的なものかと言われれば、現代の47都道府県の区分の多くが旧六十余州の境目とも微妙に合致して今も旧国名が使われることがあるという点でも、境目に自然地理的な山や川が良く用いられているという点でも、何より我々が出身地としてうっかり「○○県出身」と言ってしまう点を考えても（一部例外はあるともいうが）、それもまた否である。ひとたび生み出された地域区分は、使い続けていればそれなりの実態を持つようになるし、ましてや私たちの生活からそう簡単に逃れることはできないのである。

＊　　　　＊　　　　＊

　各都道府県ごとにまとめ直す、ということは、本シリーズにおい

ては「あえて」という枕詞がつくだろう。47都道府県を横断的に見てきたこれまでの既刊シリーズをいったん分解し、各都道府県ごとにまとめることで、私たちが「郷土性」と認識しているものがどのようにして構築されたのか、どのように認識しているのかを、複数のジャンルを横断することで見えてくるものがきっとあるであろう。もちろん、47都道府県すべての巻を購入して、とある県のあるジャンルと、別の県のあるジャンルを比較し、その類似性や違いを考えていくことも悪くない。あるいは、各巻ごとに精読し、県の中での違いを考えてみることも考えられるだろう。

　ともかくも、地域性を考察するということは、地域を再発見することでもある。我々が普段当たり前だと思っている地域性や郷土というものからいったん身を引きはがし、一歩引いて観察し、また戻ってくることでもある。有名な小説風に言えば、「行きて帰りし」である。

　本シリーズがそのような地域性を再発見する旅の一助となることを願いたい。

2024年5月吉日　　　　　　　　　　　　　　　執筆者を代表して

　　　　　　　　　　　　　　　　　　　　　　　森岡　　浩

目　　次

知っておきたい基礎知識　1

基本データ（面積・人口・県庁所在地・主要都市・県の植物・県の動物・該当する旧制国・大名・農産品の名産・水産品の名産・製造品出荷額）／県章／ランキング1位／地勢／主要都市／主要な国宝／県の木秘話／主な有名観光地／文化／食べ物／歴史

Ⅰ　歴史の文化編　11

遺跡 12／国宝/重要文化財 20／城郭 25／戦国大名 29／名門/名家 35／博物館 41／名字 46

Ⅱ　食の文化編　51

米/雑穀 52／こなもの 59／くだもの 63／魚食 68／肉食 71／地鶏 76／汁物 80／伝統調味料 85／発酵 89／和菓子/郷土菓子 95／乾物/干物 101

Ⅲ　営みの文化編　105

伝統行事 106／寺社信仰 109／伝統工芸 115／民話 120／妖怪伝承 126／高校野球 132／やきもの 138

v

Ⅳ　風景の文化編　145

地名由来 146／商店街 151／花風景 157／公園/庭園 161／温泉 165

執筆者 / 出典一覧　169
索　引　171

【注】本書は既刊シリーズを再構成して都道府県ごとにまとめたものであるため、記述内
　　容はそれぞれの巻が刊行された年時点での情報となります

佐賀県

知っておきたい基礎知識

- 面積：2440km²
- 人口：79万人（2024年現在）
- 県庁所在地：佐賀市
- 主要都市：唐津（からつ）、鳥栖（とす）、小城（おぎ）、伊万里（いまり）、武雄（たけお）、多久（たく）など
- 県の植物：クス（木）、クスの花（花）
- 県の動物：カササギ（鳥）
- 該当する令制国：西海道肥前国（ひぜんのくに）
- 該当する領主：佐賀藩（鍋島氏（なべしまうじ））、唐津藩（水野氏など）
- 農産品の名産：コメ、オオムギ、チャ、ミカン、イチゴなど
- 水産品の名産：ワラスボ、ムツゴロウ、イカなど
- 製造品出荷額：2兆698億円（2020年工業統計）

● 県　章

「さが」の音を「三つのカ」ととらえて、カタカナのカの字がつながるように円形に配置したもの。

●ランキング1位

・耕地利用率 133%（2020年）で全国1位の座を長年保っている。100%を超えるのはこの値が「作付延べ面積／耕地面積」で計算されるためで、つまり佐賀県で同じ農地に2回以上の作付けを行っているところが多いことを示す。すなわち、米と麦類の二毛作である。県内の主な農業地帯である筑紫平野（佐賀平野）は広い平地に、水利上での早くからの集団営農に大規模耕作など効率的な営農で知られていた。これに第二次世界大戦戦後の品種改良や、ネックとなっていた収穫後に水田の水を干しあげる設備・仕組みの改善が行われて、麦の生産が可能になってこの数値となっている。

●地　勢

　九州地方の北部、有明海の北岸に位置する県である。大まかには中央部の背振山地を挟んで、唐津市を中心とする北部地域と、佐賀市を中心とする南部地域に分ける。

　南部地域は筑後川や嘉瀬川、六角川などの多数の河川によって形成された広大な筑紫平野が南東から中央部の一帯をしめ（特に佐賀県域については佐賀平野ともいう）、西の長崎県境に近づくほど多良岳などをはじめとした山岳地帯が増える。この筑紫平野は南に広がる干潟で有名な遠浅の海、有明海を干拓することによって広がっており、平野の各地にその際の排水用水路を基にした農業用水路が張り巡らされている。水にも堆積物にも恵まれた平野は国内屈指の肥沃さを誇る一方、高潮や洪水では全域に被害を受けやすい土地でもある。ただし、山際には微高地が存在し、また武雄は西側の盆地状になったあたりにある。

　北部地域は比較的平地が少なく、伊万里の町を下流にもつ有田川、唐津の町を下流に持つ松浦川沿いにまとまって小さいものがある程度である。この二つの町の間に北に向かって突き出ているのが東松浦半島であり、リアス海岸に多数の漁港を抱えている。

●主要都市

・佐賀市　県南部地域の中ほど、戦国大名の龍造寺氏の居城だった城を、鍋島氏が大改修してできた佐賀城とその城下町を直接の基盤とする県庁所在地。市域には多数の水路が存在し、また空襲を受けなかったためにそこ

ここに古い建物が残っていることでも知られる。

・唐津市　県北部地域、松浦川の河口に江戸時代初めに築かれた城と城下町・港町を中心とする都市。一帯は古代以来の松浦地域（長崎県北部から佐賀県北部）の一中心地であり、また近代においては石炭の積出港などとしても栄えた。

・鳥栖市　県の最東端、福岡県久留米市にも近い交通の要衝。

・伊万里市　県北部地域の長崎県境付近、後背地で産する有田焼の積出港として江戸時代に栄えた港町。有田焼を「伊万里焼」ともいうのは、この流通経路に由来する。

・武雄市　県西部にあり、佐賀藩支藩の城下町に温泉街、さらには長崎街道の宿駅かつ有田方面への分岐点として栄えた小都市。長崎本線からは外れたが、最近になって西九州新幹線の起点駅となり、にわかに長崎方面への重要ルートとしての地位を取り戻している。

・小城市　県南部の中央より、佐賀市の隣にある佐賀藩支藩の小城下町として栄えた都市が中心部の直接の由来だが、南部の牛津地区も佐賀平野からのコメの積出港として江戸時代に栄えていた。

・多久市　県中央部、佐賀から小城を経由して唐津へ向かう主要ルート上の小盆地にある、佐賀藩重臣の多久鍋島氏（後多久氏）の拠点に直接の由来を持つ小都市。教育熱心な18世紀初頭の領主が建てた孔子廟で知られている。

●主要な国宝

・催馬楽譜　鍋島家に伝来した平安時代後期の文書で、現在は佐賀市の徴古館で展示されている。催馬楽というのは平安時代の宮廷音楽のうち、日本の歌謡を中国の唐楽で演奏したものを指し、譜面は11世紀にまでさかのぼることができる、この分野で残る最古のものである。徴古館は第二次世界大戦前、時の鍋島家当主によって佐賀県最初の総合博物館としての役割を持たせられて開館したもので、建物も当時のものである。また、これ以外にも幕末期に佐賀藩で取り組まれた技術研究に関する資料を多数展示している。

●県の木秘話

・クスノキ　暖かい気候を好むクスノキ科の常緑樹。兵庫県の県の木でも

佐賀県　知っておきたい基礎知識　3

あるが、『肥前国風土記』には後に佐賀の町の名の由来になる佐賀郡のいわれについて、クスノキが茂っているのをみたヤマトタケルが「ここは（クスノキが栄えているので）〔さかの国〕とよぶべき」と言ったという説が、賢い女性（さかめ）が2人いたという説と並んで紹介されている。また、近代においては、佐賀県初の女性の県会議員として社会福祉に尽力した福田ヨシが、第二次世界大戦直後に財政難のために切り倒されそうになっていた佐賀城堀端のクスノキの保護のために熱心に活動し、県内の多くの人々にクスノキや木々の大切さを広めたことが、顕彰碑も建てられるほどに知られている。

●主な有名観光地

・**虹の松原と唐津城**　古くは「二里の松原」とも呼ばれた国内でも有数の松原であり、江戸時代に唐津城が築城されたころ、初代城主によって整備されたという。唐津城には模擬天守があり、当時の景観とは全く違うものの、虹の松原からの橋など各所から見える海に面した景観が独特になじんでしまっている。また市内には旧唐津銀行をはじめ、辰野金吾（東京駅を設計した建築家）などによる明治〜大正期に都市が石炭の積出港として繁栄していた時代の建物も多数残っている。

・**三重津海軍所跡**　筑後川の分流である早津江川沿いにあって、今はほとんど見えないが、ここが日本で実用にたる初の蒸気船を1865年に佐賀藩が独自に作り上げた場所であり、また海軍の訓練や学習をも行った学校としての役割を持ったところであった。佐賀藩が無くなった後も、ここには長らく商船学校が設けられ、海運に人材を供給したという。

・**吉野ヶ里遺跡**　神埼郡吉野ヶ里町にある巨大遺跡は、堀を巡らした環濠集落に、交易の拠点として市があったことを示す布などの出土品、そののちに設けられた多数の墓など、弥生時代から古墳時代にかけてのこの地域の痕跡を凝縮したような遺跡となっている。

・**呼子と七ツ釜**　東松浦半島の突端近くにある港町、呼子はイカの漁獲と朝市で有名な港町である。近くには海流によって削られた海食「七ツ釜」があり、これも名勝として知られている。呼子はほぼ東松浦半島の突端にあたるが、この位置ゆえに、16世紀の末期、豊臣秀吉の朝鮮侵攻においてその日本側拠点となった肥前名護屋城が築かれている。

・**有明海の干潟**　天草諸島と島原半島にその入り口を狭められた有明海は、

それゆえに干満での潮位差が非常に激しい内海として知られている。その
うえに元来浅く、筑後川などから多数の堆積物が供給されるこの海は、広
大な干潟を擁することで知られている。この干潟は過去1000年以上にわ
たって干拓されて県域のみならず福岡県や熊本県にも豊かな農地をもたら
すと同時に、干潟自体もマテガイやノリ養殖、ハゼなど豊富な海産物をも
たらす豊かな海として知られてきた。干潟を渡る独特の乗り物であるガタ
スキーや、シンボルとしてのムツゴロウもよく知られている。

●文 化

・唐津くんち　唐津神社の秋の大祭であるこの祭りでは、色鮮やかな曳山
が多数練り歩く。江戸時代の中頃からこのような形になったといわれてい
る。なお、「くんち」とは九州地方北部で祭りの名称として知られており、
「供日」の音が変化したものだとされている。

・伊万里焼／有田焼　16世紀末の朝鮮侵攻の際に、多くの朝鮮半島の住民
が日本列島へと連れてこられた。後に「陶祖」と呼ばれることになる李参
平もその一人である。彼は鍋島家の許しを得て理想の陶土をさがし、有田
の皿山でその条件にあう土を見つけて焼いた。これが日本で最初の磁器と
なる。そこから陶磁器技術は発展していき、色鮮やかな陶磁器は伊万里の
港から移出されてついにヨーロッパにも達し、長く日本陶器の代名詞と
なった。陶磁器の生産が続く有田では、李参平が今も祀られている。

・化け猫伝説　「江戸時代の初期の頃。佐賀藩の2代藩主である鍋島光茂が、
碁で激高して一人の武士を殺してしまった。それを嘆いた母は猫に恨みと
嘆きを吐いて自害し、その血をすすった猫は化け猫と化して恨みを晴らさ
んと光茂を苦しめる…」というのが、講談や芝居のネタとして江戸時代に
有名だった鍋島の化け猫伝説である。妙に生々しいこの話は、1607年に龍
造寺氏の最後の嫡流当主が、本来家臣のはずだった鍋島直茂に藩の実権が
あることに憤懣やるかたなく自害し、たまたまだが直茂も後に大病で亡く
なった、という実際の事件（鍋島騒動）を下敷きにしているという。ただ、
実際のところは龍造寺氏の当主討ち死に・次代病弱・次々代（自害した当
主）幼少という危機的事態を直茂が支えていた、という面が大きい。

・松浦佐用姫伝説　松浦地域は肥前名護屋城をはじめとして対岸朝鮮半島
をめぐる物語や史跡がいくつかあるが、松浦佐用姫の伝説もその一つであ
る。その昔（5〜6世紀ごろ）、朝鮮半島南部にあった任那の国へと出兵す

佐賀県　知っておきたい基礎知識　5

る兵士と松浦の長者の娘であった佐用姫が恋に落ちた。やがて出兵の時が来て、佐用姫は鏡山（かがみやま）から領巾（ひれ）（薄衣）をふって別れを惜しんだ、と伝えられていた。ところが後代になって、呼子まで追いかけて行った、山の上で悲しみのあまり石になってしまった、いや呼子まで行ってそこで石になったなど様々な後日談が加わっている。

・バルーンフェスタ　佐賀市の西を流れる嘉瀬川沿いでは、1980年以来ほぼ毎年熱気球の競技会が行われている。平地が広がるため着地地点も広く確保でき、また様々な風が吹く中での競技は、現在では佐賀を代表するイベントとして多くの観光客を集めている。

●食べ物

・有明海の魚料理　ムツゴロウやクチゾコ、ワラスボなど有明海には固有種、特産種が多い。これは有明海に多い泥干潟に加え、その昔、日本列島と大陸とを分ける海ができた際に、こちらに取り残され、かつ閉鎖的な有明海の地形故にほかの地域に広がらなかった種も多いためだといわれている。なお、クチゾコやワラスボは煮つけにするとおいしいとされる。

・砂糖を使った名物菓子　なぜ取り立てて、と思われるかもしれないが、特に白砂糖はもっぱら中国からの輸入に頼った江戸時代（黒砂糖は中頃から国産化が進む）において、その輸入港である長崎の周辺地域、特に長崎警護の特権として買い付けの便が図られていた佐賀藩と福岡藩の領内では他地方以上に砂糖が早くから流通した。このため、佐賀市の丸ぼうろや、砂糖流通の拠点であった塩田津（しおたつ）（嬉野市）に伝わる逸口香（いっこうこう）など、砂糖を使った伝統菓子が多数ある。さらに江戸時代が終わっても、その伝統がもととなって小城で羊羹（ようかん）製造が盛んになるなど、この伝統は現在にもつながっている。

●歴　史

●古　代

　現在でいうと長崎県・佐賀県・福岡県の一帯は古くから大陸との交流があり、古代の早くには諸国家・勢力（いわゆる「クニ」や「ムラ」）が成立したことで知られている。佐賀県でとくに有名なのは、南東部で2300年前～1500年前の長きにわたって環濠集落や墓などの大規模な人の営みが

確認されている吉野ヶ里遺跡だが、これ以外にも筑紫平野一帯で環濠集落が見つかっている。現代から見ればかなり内陸にあたる一方で、古代においては海岸線がかなり内陸に入り込んでいたと推定されており、弥生時代や縄文時代の海岸は、発掘された貝塚の位置から、現在の佐賀市大和町の近くや吉野ヶ里遺跡の少し南にまで達していたと考えられている。

また、『魏志倭人伝』に登場する末盧国は、直前の「一支国（壱岐）から水行」という記述との整合性からも、唐津市など東松浦半島周辺とみられることがほぼ確実視されている。この唐津市にある菜畑遺跡からは縄文時代のものとみられる炭化米が見つかっており、国内で最も古い稲作遺跡と考えられている。この海峡を渡っての争いや交流に関連した有名な伝説として松浦佐用姫伝説が古くから知られている。

有明海を介しての行き来が容易で、肥後との関係も深かった肥前地域（長崎・佐賀）は700年ごろまでには独立の令制国として分離したと推定されている。国府はやや山際の佐賀市大和町のあたりに置かれていたらしい。現在の海岸線を考えると内陸のように思われるが、有明海の当時の海岸線は佐賀市中心部のやや南側だったとみられている。平地の干拓・堆積問わずの拡大は現代にまで続いていくことになり、この広大な田畑の開発によって、肥前は豊かな国とみなされるようになる。

●中 世

平安時代の後期にかけて各地に荘園が開かれていくが、肥前にはその中でも特に摂関家や皇室領の荘園が開かれている。その中でも特に有名なのが院政時代（11〜12世紀）に皇室領荘園中でも最大規模として知られた神埼荘（東部の神埼市など）である。筑後川に近い水利の良さと開かれた田畑はもちろんのこと、院政時代後期には平清盛の父である忠盛の管理下にあって、有明海へと入りこむ中国宋の商船との貿易拠点の一角となった。これについては、古代以来博多などで中国との貿易を管理してきた大宰府の支配を商船側が嫌ってと考えられており（荘園には国府の介入を禁じることができる不入の権がある）、実際にこのころから九州地方の西部一帯で貿易拠点となる港町が増えていく。

多数の荘園はこの中世を通じて存続するが、神埼荘のように御家人の恩賞として分配されたためにその後内実をなくしたものもあった。鎌倉時代にかけては多くの御家人が成立し、松浦地域一帯には後に「松浦党」と通

佐賀県　知っておきたい基礎知識　　7

称される小武士団が割拠している。ただし、基本的には隣接する筑前の大宰府・博多の影響も大きく、特に鎌倉時代後期（13世紀後半）には元寇の来襲に伴う防衛体制の整備の中、肥前国守護職は博多・大宰府を本拠とする鎮西探題が兼任することになった。この元寇の名残として近年、長崎県との県境にある伊万里湾の鷹島沖で元軍の沈没船が発見されたことも話題になった。

　南北朝時代にも、太宰府の官人に由来するとされる古くからの名族である少弐氏と、室町幕府に任ぜられた九州探題との対立、さらに東の長門・周防の守護大名大内氏の九州進出、加えてこの時代も小武士団連合をとる松浦氏の間で、肥前東部は落ち着かない状況となっていた。そんな中の16世紀中盤、佐賀平野中央部を押さえる豪族だった龍造寺隆信が急速に勢力を伸ばし、東の豊前地域までを制圧し「五州二島の太守」を自称するほどの九州北部地方を押さえる一大勢力となる。

　この勢力は1584年、南から勢力を拡大する薩摩島津氏と地元豪族とによる「沖田畷の戦い」で隆信が討ち取られたことで大きく後退するが、その少しあとに豊臣秀吉による九州制圧が発生し、龍造寺氏は肥前国のうち佐賀平野を中心として諫早・長崎半島の一部にいたる領地を安堵された。しかし、当時龍造寺氏の当主は病弱、次代も幼少のため隆信の従弟だった鍋島直茂が領国国政を差配しており、このことが近世佐賀県の状況に大きくつながる。また、豊臣秀吉の朝鮮侵攻においては、東松浦半島の突端近くに肥前名護屋城が築かれ、ここが侵攻にあたっての軍勢の主な拠点となった。

　この間も干拓は進んでいた。

●近　世

　鍋島直茂は積極的に豊臣家や徳川家といった中央の権力者とのつなぎをとるなどし、また龍造寺氏の家臣団に対しても懐柔を図った結果、1607年に龍造寺氏嫡流が絶えた際にはほとんど反発なく、直茂の嫡子が佐賀領を引き継ぐことになった。これ以降は南部地域と伊万里の一帯において、鍋島氏佐賀藩の治世が幕末まで続く。とはいえ、龍造寺氏の有力な分家は残っていたため、懐柔として鍋島氏は諫早・須古・多久・武雄をそれぞれ領する4系統を重臣として扱い、加えて小城や鹿島などの鍋島氏自体の分家にも領地を割り当てたため、当初から藩主直轄領は少ない状態であった。

この改善のため、江戸時代を通じて「搦」「篭」などと現在でも地名についている有明海干拓による新田開発が進んでいくことになる。藩域では長崎へと向かう長崎街道が横断しており、塩田津（鹿島市）など河川交通との要所で砂糖の取引などで発展した町もみられた。

　北部地域では、唐津の城下町の整備が初代藩主である寺沢広高によってすすめられた。大陸貿易は長崎に集約されたとはいえ、そこから産物を国内に運ぶ海運上は依然として松浦沿岸地域は重要な拠点であり、呼子などの湊も栄えている。また、16世紀末の朝鮮侵攻によって朝鮮から連れてこられた陶工李参平を中心に、鍋島家領の有田山中で見つかった陶土を元に焼かれた陶器・磁器は伊万里焼、有田焼として日本を代表する輸出品の一つとなっていく。

● 近　代

　長崎街道が通過していることからもわかる通り、長崎に近接する佐賀藩は福岡藩ともども長崎の警備を担当していた。しかし、1808年のフェートン号事件で港の中での船同士の争い（イギリス船とオランダ船）を許すという失態を犯してしまう。このことと財政難が重なって、その次代の藩主である鍋島直正は財政再建と効率の良い政府機構・軍事機構の整備、さらには製鉄・造船などの近代産業およびそれを支える技術の習得へと取り組み、結果的にこの取り組みは見事に成功した。この名残が、現在世界遺産にも登録されている三重津造船所跡などである。かくして幕末において、佐賀藩は主に武器や資金の面で新政府を支えることになり、薩摩・長州・土佐に次ぐ有力者の輩出地に名を連ねることになる。ただし、佐賀の乱などで江藤新平など有力な人物が処刑されたこともあって圧倒的な勢力にはならなかった。それでも、赤十字の発足や明治期の国内勧業に尽力した佐野常民や、久留米から招かれ後に東芝の創業者となった田中久重などの名はよく知られている。

　廃藩置県においては1871年に、主要諸藩にそれぞれ県が設置された後、同年中に対馬（厳原県）と合併したことで県庁が伊万里に移り伊万里県となった。しかし、長崎県との県域の調整が続き、翌年には佐賀に県庁が戻ってほぼ現在のサイズの佐賀県となっている。ところが、この佐賀県は1876年に筑後川向こうの筑後国を管轄する三潴県に合併されたかと思えば、その同年中の三潴県解体によって全域が長崎県に編入され、ようやく

佐賀県　知っておきたい基礎知識　9

再設置されたのは1883年のことであった。

　これ以降の佐賀県は主には佐賀平野を中心とした農業県として発展する。九州地方内では交通の要衝たる熊本や、石炭を中心に重工業が立地した北九州（福岡県）などに比べて、大型船の入れる港に恵まれない南部地域の工業集積は遅れたものの、その分豊かな農地の開発は熱心に進み、現代まで「佐賀段階」として知られる収量増収の用語も残すなど、国内有数の穀倉地帯として知られている。北部の唐津周辺も近代の石炭積み出しによる発展を経て、現代では福岡都市圏にも近い地域として知られ、また呼子の海産物などが観光資源となっている。交通については2024年に、武雄温泉から長崎へと向かう西九州新幹線が先行開通したが、残る博多から武雄温泉までのルートが現在確定していない。

【参考文献】
・杉谷昭ほか『佐賀県の歴史』山川出版社、2014
・藤野保『佐賀藩』吉川弘文館、2010

I

歴史の文化編

吉野ヶ里遺跡（有柄把頭飾銅剣）

地域の特色　佐賀県は、九州の北西部に位置し、西は入り組んだ長い海岸線を呈し、玄界灘に面する。東は福岡県に接し、糸島半島との間に唐津湾、西の長崎県、北松浦半島と東松浦半島との間に伊万里湾があり、湾内には大小の島が散在する。内陸部には背振、天山、多良、雲仙の各山地が存在し、南は有明海に面して、筑後川、嘉瀬川によって形成された佐賀平野、六角川の白石平野などが広がる。これらの平野部や隣接する丘陵部、河岸段丘上に弥生時代の遺跡が多数認められ、脊振山地の南麓、丘陵地帯に存在する吉野ヶ里遺跡（神埼郡吉野ヶ里町など）は著名である。また玄界灘に面する海岸沿いなどには、葉山尻支石墓群（唐津市）をはじめ朝鮮半島とのつながりを示唆する遺跡が多数存在する。

古代には肥前国の東半部にあたり、玄界灘に面し大宰府も近いことから、外敵の侵入に備えて肥前国各地には「烽」が設けられていたとされる。また、平安時代末期には松浦地方に、松浦党と称される水軍的性格の強い嵯峨源氏の末流と称する武士団が形成された。鎌倉幕府成立後、守護として武藤氏が赴任、大宰府に守護所を置き統治した。モンゴル襲来後、肥前国守護は鎮西探題が兼任し、鎌倉幕府滅亡まで継承された。室町時代は少弐氏が守護として支配、戦国時代に三瀬宿（神埼郡三瀬村）に本拠を置いた少弐氏の家臣、神代勝利が山内を統一し、佐賀平野の龍造寺隆信とたびたび合戦を行い、覇を競った。なお佐賀平野には、直鳥城（神埼市）をはじめ、独特の水路を活用した中世城郭が存在する。

豊臣秀吉による九州平定後は、肥前の東半は龍造寺隆信の子政家に与えられたが、朝鮮出兵には鍋島直茂は龍造寺家臣団を率いて出兵。佐賀藩政の実権は直茂の手に移った。唐津は寺沢広高が領有した。そして1607（慶長12）年に龍造寺政家・高房父子が死去し、鍋島氏は佐賀城（佐賀市）を根拠として名実ともに領主となった。唐津の一部は宗氏の対馬藩田代領となり、唐津藩領、鍋島支藩領（蓮池・小城・鹿島）が存在した。

廃藩置県後、諸藩は県となり、以後、各県の合併が行われる。佐賀の乱後、三潴県に併合されるなどしたが、1883年5月、佐賀県域が確定した。

主な遺跡

白蛇山岩陰遺跡
*伊万里市：国見山の麓、標高約100mに位置
時代 旧石器時代

1971年から73年にかけて、佐賀県立博物館によって発掘調査が実施された。旧石器～縄文時代の岩陰遺跡であり、基盤となる砂岩が風化作用により浸食してできた上洞と下洞からなる。上洞は奥行約6m、間口約40mを測り、下洞は奥行約7m、間口約8mで、いずれも南東方向に開口している。岩陰の土は地表から約3.5m堆積が認められ、13層に分けられている。上洞の2～9層からは、縄文時代各期の土器、石器が検出されており、11～13層では旧石器時代の細石刃、細石核が認められた。石器素材として利用された黒曜石が豊富に露出する腰岳にも近く、土器および石器の編年研究のうえでも重要な遺跡である。

多久遺跡群
*多久市：鬼ノ鼻山（標高435m）の北麓に点在
時代 旧石器時代

サヌカイトの原産地として知られる丘陵上に、現在40カ所を超える遺跡が確認されており、日本でも最大級の石器製作遺跡群とされる。1960年に明治大学によって調査された三年山遺跡や1977～79年に市教育委員会によって調査された茶園原遺跡では、サヌカイト製の20cmを超える大型の尖頭器が多く出土し、知られるようになった。加えて多量の折損品、剥片、石核が認められ、大規模な石器製作跡として評価されている。また掻器、削器、船底形石器、剥片、石核などが発見されているほか、遺跡ごとの特徴もあり、山王遺跡では剥片の割合が少なく、石器製作跡というよりも生活跡として評価されている。

東名遺跡
*唐津市：佐賀平野中部の微高地、標高約0.5～3mに位置
時代 縄文時代早期　　史

1990～96年にかけて、巨勢川調整池建設に伴い、発掘調査が実施され、微高地の部分より多数の集石遺構（炉跡）や人骨が発見された。縄文時代早期後半（塞ノ神式）から前期前半の土器（轟A式）が検出され、集落遺跡と評価された。その後、調整池建設の工事が進められたが、2003年に貝塚が発見されたため、再度2004～07年に発掘調査を実施し、国内最古級の縄文時代早期の湿地性貝塚であることが明らかとなった。6カ所の

I　歴史の文化編　　13

貝塚が検出されており、貝種は主にヤマトシジミ、ハイガイ、アゲマキ（マテガイ）、カキなどであった。動物の骨や角、骨角製品も多く出て、第2貝塚では多数の土坑が発見され、ほぼ当時の状態を保ったドングリ（イチイガシ、クヌギ、ナラガシワなど）の貯蔵穴や皿・鉢類や櫛などの木製品、多数の編み籠など有機質の遺物が多数検出されており、国内でも類例が少なく貴重である。貝玉や貝輪といった貝製品や幾何学模様を描いた鹿角製の装身具などの骨角器も多数出土したほか、動物遺体でニホンジカやイノシシのほか、カワウソやアシカ、スッポンなどの骨も検出されている。なお、出土遺物の14C年代測定法により、遺跡の活動時期は約7000年前との評価がされており、それは縄文海進（約6000年前）で海中に没したことを示す貝塚上部に堆積する5m以上の粘土層からもうかがわれる。国史跡。

菜畑遺跡

＊唐津市：唐津平野西端の丘陵先端部、標高約10mに位置

時代 縄文時代前期～弥生時代中期 史

1979年、都市計画道路建設に伴い、市教育委員会により発掘調査が行われた。1980～81年の発掘調査によって、板付遺跡（福岡県）の夜臼式期よりも古いと考えられる縄文晩期後半の山ノ寺式期に帰属するとされる水田跡が発見された。現在のところ、日本列島でも最古級の水田跡として評価されている。水田遺構は18m²あまりの田で、直播きによるイネの栽培が行われていたと推測されている。炭化米も250粒ほど検出されており、そのうち100粒以上がジャポニカ種であることが判明した。また、弥生時代前期にあたる層位からは、大規模な水田が営まれていたことと推定される水路や堰、排水口、杭や矢板を用いた畔の仕切りなども認められた。遺物としては、縄文時代晩期後半から末の層位から石庖丁、木製農耕具（手鍬・えぶりなど）、有茎磨製石鏃、有柄石剣といった朝鮮半島系と考えられる道具類や磨製・打製石斧、磨石、十字形石器、打製石鏃、スクレイパーといった縄文時代以来の道具も認められ、そうした文化的変化の様相をとらえるうえで、貴重な資料を提供した。土器でも、壺、甕、高坏といった弥生土器に見られる器種が存在しており、平織りの布目痕のある土器や紡錘車など、織布技術の存在も示唆されている。

また、アワやオオムギ、ヒョウタン、モモ、シソ、ゴボウなどの栽培植物の種子も認められているほか、ブタの下顎骨を用いた祭祀の形跡や骨角製品も認められている。なお、縄文時代前期の遺構としては、土坑や土坑墓、溝が検出され、多数の土器、石器も検出されている。1983年には、

水田稲作の日本列島における初期形態を示す遺跡として、国史跡に指定された。

宇木汲田遺跡 (うきくんでん)

＊唐津市：唐津平野南部の夕日山北麓の微高地、標高約5mに位置 【時代】 縄文時代末～弥生時代中期

1930年に耕地整理中に青銅製武具を伴う甕棺墓などが認められ、戦後、1957年には東亜考古学会、1965年、66年には九州大学を中心とした日仏合同調査によって、弥生時代中期初頭から中期中頃の甕棺墓が129基、発見された。甕棺墓からは朝鮮半島製と考えられる細形の銅剣、銅矛、銅戈や多鈕細文鏡、銅釧、硬玉勾玉、碧玉管玉、ガラス管玉などが多数出土した。また1983年の調査では、銅鐸舌が検出されている。青銅器の出土数としては、日本全国でも最多級の遺跡とされ、弥生時代中期以降の唐津平野における中核的な埋葬遺跡として評価されている。

吉野ヶ里遺跡 (よしのがり)

＊神埼市・神埼郡吉野ヶ里町：脊振山地の南麓、平野部の段丘上、標高約5～20mに位置 【時代】 弥生時代前期～後期 【史】

1970年代より開発行為に伴い、いくつかの調査が実施され、遺構の存在が確認されていたが、1986年より工業団地開発に伴い、本格的な発掘調査が実施された。その結果、大規模な弥生時代の集落跡であることが確認され、考古学者の佐原真をはじめとして、保存を求める市民運動が高まるとともに、1989年に大規模な環濠集落の発見の報道がなされるに及んで、同年3月、県は周辺地域の開発を中止し、1990年に国史跡、1991年には国特別史跡に指定され、1992年には国営歴史公園として整備されることが決定した。

本遺跡は吉野ヶ里丘陵一帯に広がるもので、弥生時代前期、中期、後期にわたる継続的な集落遺跡である。時代ごとに変遷を整理するならば、まず弥生時代前期初頭と推定される小規模な環壕の一部が1999年の発掘により検出され、縄文時代晩期の水田農耕の伝来から比較的早い段階より、集落が丘陵南端に形成されたと考えられている。この後に集落は、約2.5ha規模へと発展したと推定されており、環壕跡内部より、大量の土器や石器のほか、カキ、アカニシ、テングニシ、サルボウなどを主体とする貝類や、イヌ、シカ、イノシシ類などの獣骨が検出された。また青銅器の鋳造に用いたと考えられる鞴の羽口なども出土している。

弥生時代中期には、南部の丘陵全体に20ha規模の集落として拡大したと考えられており、特に丘陵尾根筋には600m、2,000基に及ぶ甕棺墓群が

Ⅰ 歴史の文化編　15

認められたほか、多くの竪穴住居跡や貯蔵穴と推定される土坑が検出されており、居住域と倉庫域が区別されていた可能性が指摘されている。環壕跡からは、大量の土器や石器が出土したほか、低地部より船形木製品も出土している。また青銅製の環や数点の朝鮮系無文土器片も検出されている。

　弥生時代後期には集落は北方へ拡大し、外側の環濠とは別に、柵や望楼的な建物跡を有する内環壕によって囲まれた空間（北内郭・南内郭）の存在が確認されている。北内郭は、二重の環濠で囲まれ、中期の墳丘墓に南面する形で「祭殿」として評価されている大型の掘立柱建物跡が存在するなど、集落において中心的な人物の居住や祭祀的な空間として考えられている。なお、この墳丘墓は尾根筋の甕棺墓群と異なり、ガラス製管玉や有柄把頭飾銅剣、絹布片などが検出された甕棺墓もあり、特別な階層の人物を埋葬した区域として評価されている。

　南内郭は、集落内において階層的に上位の人々の居住区と考えられている。加えて、南内郭西方に存在する多数の掘立柱建物跡は、その規模や構造から大規模な高床式倉庫群と推定され、「市」の存在を示唆するものとしてとらえられている。この頃には、集落規模は40haを超すものとなり、国内でも最大級の規模の環壕集落として評価されている。

　遺物では、遺跡の西側の沖積地部分より、木製品が多数出土しており、農耕具（鋤・鍬・鎌・斧・臼・杵など）や容器、建築部材が認められている。特に鋳型鉄斧用の組合せ式斧柄がほぼ完形で検出されており、斧柄の構造が判明する遺物として貴重である。また青銅製品を鋳造したと考えられる遺構や鋳型、坩堝、鎌、鍬などの農具、斧、鉇、刀子などの工具も認められている。特に高純度の錫片が出土しており、青銅を調合する技術もあった可能性が指摘されている。

　このように、本遺跡は弥生時代全般にわたる集落の変遷を確認できるほか、その集落の構造を知ることができ、いわゆる「クニ」の中心的な集落の全貌や、弥生時代における社会構造など原始的国家形成を解き明かすうえで、数多くの情報を提供するきわめて貴重な遺跡として評価できる。

　なお、現在も整備が続けられている国営吉野ヶ里歴史公園は、特に「弥生時代後期後半（紀元3世紀頃）」を復元整備の対象時期としており、弥生時代後期後半に建てられていたと推定されている建物群を、弥生時代の層位に土盛りを行い、遺構の真上に復元整備を行っている。

銚子塚古墳
（ちょうしづか）

＊佐賀市：脊振山系の南麓部に近い微高地、標高約15mに位置 **時代** 古墳時代前期 **史**

1951年に墳丘部の測量が行われ、くびれ部から底部を穿孔した壺形埴輪が採集されている。佐賀平野における最古期の大型前方後円墳である。墳丘長約98mで佐賀平野では2番目の規模を誇る。周囲に幅約20mの周壕をもつ。墳丘は後円部3段、前方部2段築成と推定され、花崗岩円礫の葺石をもつ。4世紀後半の築造と推定され、佐賀平野における古墳文化の伝播と成立に重要な関わりをもつ古墳と評価されている。国史跡。

なお、県下最大級の古墳は、船塚古墳（佐賀市）で、全長114m、後円部径63m、高さ10m、前方部幅62m、高さ9m、3段築成の前方後円墳である。主体部は明らかでないが、後円部に明治期の盗掘坑があり、内面が赤く塗られた竪穴式石室であったと伝えられている。築造年代は5世紀中頃と推定されている。

谷口古墳
（たにぐち）

＊唐津市：玉島川河口付近の独立丘陵上、標高約20mに位置 **時代** 古墳時代前期 **史**

1909年に住民により、後円部の2つの石室が掘削され、多数の副葬品が発見された。戦後、1952年以降、数回の調査が京都大学や九州大学により実施され、墳丘長約77m、前方部幅約24m、高さ約9m、後円部径約30m、高さ13.5mの前方後円墳であることが確かめられた。墳丘には葺石や円筒埴輪片が認められ、主体部は1989年の発掘調査で、初期の横穴式石室の要素をもつ竪穴系横口式石室の構造であることが判明した。石室は東西2室あり、天井部が特異な合掌式である。規模は東石室が全長2.95m、幅1.6m、西石室が長さ3.16m、幅1.85mを測る。両室とも松浦砂岩製の長持型石棺が納められている。東石室からは、男性骨1体と三角縁神獣鏡2や位至三公鏡1、変形四獣鏡2のほか、勾玉、石釧、玉類、鉄剣が検出された。また棺外からも、鉄剣、鉄刀、鉄鏃など豊富な遺物が認められた。西石棺からも、男性骨1体、三角縁神獣鏡2や鉄刀が検出された。また、石室外に刳抜式舟形石棺と土師器の壺棺が発見されている。

築造時期は4世紀末頃と推定され、玄界灘沿岸における古墳文化の展開を考えるうえで重要な古墳である。なお、東石室は公開されていないが、保存修理が実施されており、古墳南隣にある公民館の脇には復元された西石室の長持形石棺が展示されている。国史跡。

田代太田古墳
（たしろおおた）

＊鳥栖市：大木川と山下川付近の河岸段丘上、標高51mに位置 **時代** 古墳時代後期 **史**

I　歴史の文化編　　**17**

戦前より装飾古墳として知られており、1975〜76年にかけて保存工事が実施され、本格的な調査が行われた。墳丘は一部削平を受けているものの、2段築成の円墳と考えられ、直径約40m、高さ約6mを測る。主体部は後室、中室、前室の3室からなる横穴式石室であり、石室全長約9m、後室天井部はドーム状の持送りで、高さ約3.1mである。装飾壁画は後室奥壁と中室に赤・黒・緑の3色を用いて描かれている。後室側壁には、人物や騎馬人物、船、楯、高坏、円文、花文、三角文、蕨手文などが描かれ、中室の両袖石には同心円文、船上人物などが認められる。副葬品としては、後室よりガラス管玉、碧玉製管玉、中室より碧玉製管玉、前室より鉄鏃、馬具片などが認められている。出土遺物や石室構造により6世紀中〜後半の築造と考えられる。国史跡。

基肄城跡（きいじょうあと）

＊福岡県筑紫野市、三養基郡基山町：基山と坊住山の2峰にまたがる、標高400m前後に位置　**時代** 飛鳥時代　**史**

日本が唐・新羅と戦って敗れた白村江の戦いの後、665年に水城（福岡県太宰府市・大野城市・春日市）などとともに国内防備のため築かれた朝鮮式山城である。『日本書紀』では、百済の遺臣が築城指揮にあたったことを記しており、朝鮮式山城として評価されている。城域は総延長4.3kmにわたる土塁が、筒川の谷筋を取り囲む尾根上を一周し、その内部に建物跡が40棟以上検出されている。特に南側には、谷をふさぐかたちで長さ26m、高さ約8mにわたる石塁が築かれており、その下部には方形の通水口が設けられている。建物跡はすべて巨大な礎石を用いた総柱で、有事の際の食糧、兵器などを蓄えた倉庫と考えられている。国特別史跡。

肥前国府跡（ひぜんこくふあと）

＊佐賀市：筑紫平野西部、嘉瀬川の扇状地、標高約10mに位置　**時代** 奈良時代　**史**

古くから肥前国府として想定されていた地であり、1975年以降、継続的に発掘調査が実施された。その結果、政庁跡区域と内外の主要な建物跡が検出されて、国庁跡の全容が明らかとなった。南北約105m、東西約77mの平面長方形にめぐる溝跡と、その内側の築地によって囲まれた空間の内部に、前殿・正殿・後殿が南北中軸線上に並び、前殿の東西両側に各2棟の脇殿が配置される。正殿の東西には回廊があり、郭内を南北に二分している。国庁跡の周辺では、倉庫や国司の居館と考えられる遺構も検出されているほか、役所跡と想定される建物群の遺構も検出されている。現在、南門と築地塀（両翼約10m）の建物が復元されている。

肥前名護屋城跡群
（ひぜんなごやじょうあとぐん）

*唐津市・東松浦郡玄海町：東松浦半島最北端、波戸岬に続く標高約90mに位置
時代 安土桃山時代 　　　　　　　　　　　　**史**

　1976年以降、保存整備のための発掘調査が継続的に実施され、本丸をはじめとする曲輪や諸大名の陣屋跡が多数確認されている。名護屋城跡は、いわゆる文禄・慶長の役（1592〜98）と呼ばれる、豊臣秀吉による朝鮮半島への侵略の根拠地として構築された城郭である。築城は諸大名への割普請で行われ、1591（天正19）年に築城が開始されて、わずか5カ月で完成を見たといわれる。石垣、土塁、堀、建物跡、門跡などの遺構が良好に残存し、名護屋城跡を中心とする半径3kmの範囲には130カ所以上の諸大名の陣屋跡が分布している。基本的には、中世山城の構造を呈し、近年では、城下町や軍用道路である「太閤道」なども調査が行われている。名護屋城跡と23カ所の陣跡が国の特別史跡に指定され、現在史跡整備が進められている。

肥前磁器窯跡
（ひぜんじきかまあと）

*武雄市・嬉野市・西松浦郡有田町：黒髪山の南麓、有田川上流域を中心に点在　**時代** 江戸時代 　　　　　**史**

　1965年、三上次男（みかみつぎお）らにより天狗谷窯跡（てんぐだにかまあと）（有田町）の発掘調査が実施され、5基以上の階段状連房式の登窯（のぼりがま）が発見された。古文書に記された磁器創始の記録に合致するものとして注目を集め、以後窯跡の調査が実施された。山辺田窯跡（やんべたかまあと）（有田町）や原明窯跡（はらあけかまあと）（有田町）をはじめ有田町域の窯跡にとどまらず、百間窯跡（ひゃっけんかまあと）（武雄市）、不動山窯跡（ふどうやまかまあと）（嬉野市）など、肥前における近世初頭の磁器生産の様相を明らかにする窯跡が多数存在している。江戸時代初期に朝鮮の技術者により有田町泉山で磁石場が発見されたことにより、わが国の磁器生産が始まり、これにより有田周辺で多くの磁器窯が築かれた。これらの窯跡群は、そうした日本の磁器生産の技術やその発展過程を明らかにするうえできわめて貴重な遺跡であり、特に百間、不動山、天狗谷、原明、山辺田の5つの窯跡と泉山磁石場跡および柿右衛門窯跡（かきえもんかまあと）（有田町）は、国史跡として指定されている。なお、松浦川上流の岸岳山麓には、皿屋窯（さらやかま）・皿屋上窯（さらやかみかま）・帆柱窯（ほばしらかま）・飯洞甕上窯（はんどうがめかみかま）・飯洞甕下窯（はんどうがめしもかま）（唐津市）などの窯跡が所在する。これら窯跡は釉薬や成形技法、窯詰めの手法といった製品や窯構造の特徴から陶器窯であり、この地域の陶器生産の初期にあたる16世紀末頃のものと推定されている。これらの陶器窯も国史跡に指定されている。

I　歴史の文化編　19

国宝 / 重要文化財

染付山水図輪花大鉢

地域の特性

九州地方の北西部に位置し、北西側は玄界灘、南側は有明海に面している。玄界灘を北方向へ東松浦半島がのびる一方、筑後川下流に形成された筑紫平野（佐賀県側は佐賀平野）を、筑紫山地に属する脊振山地、八幡岳、経ヶ岳、多良岳の山地が取り囲む。県南部の佐賀平野は、クリークと呼ばれる水路が網の目のように走る低平な水田地帯で、臨海部には広大な干拓地と干潟が広がっている。有明海のノリ養殖は全国第1位の生産額を誇っている。県北部では唐津炭田が繁栄していたが、石炭産業の衰退後、近代工業化はさほど進んでいない。伝統的地場産業である唐津・有田の窯業が有名である。

朝鮮半島や中国大陸に近接した位置にあり、古くから外来文化を摂取する先進性がある。『魏志倭人伝』によると、朝鮮半島から対馬・壱岐を経て最初の上陸地となっていたのは末盧国で、これは現在の松浦と比定されている。中世の元寇の時、防衛で活躍したのは松浦党だった。豊臣秀吉の朝鮮侵略の時には、前線基地として名護屋城が東松浦半島の北端に築城された。そしてこの侵略で朝鮮半島から連れ帰った陶工たちによって、窯業の基礎が確立された。江戸時代には鍋島氏の佐賀藩35万7,000石のほかに中小藩と、対馬藩の飛地、天領が置かれた。江戸時代末期に長崎警護にあたっていた佐賀藩が、反射炉、大砲、汽船を製造して西洋技術の導入に努めた。明治維新の廃藩置県後、1872年に佐賀県が設置されたが、1876年に長崎県に編入されて消滅し、1883年に再び設置された。

国宝 / 重要文化財の特色

美術工芸品の国宝は1件、重要文化財は36件である。旧佐賀藩主鍋島氏の伝来品を収蔵・展示する鍋島報效会の徴古館に、国宝 / 重要文化財が多く収蔵されている。南朝方に関連した東妙寺に重要文化財が多い。特

別史跡の吉野ヶ里遺跡などから出土した重要文化財の考古資料が、佐賀県立博物館で展示されている。建造物の国宝はなく、重要文化財は13件である。

◎吉野ヶ里遺跡墳丘墓出土品

佐賀市の佐賀県立博物館で収蔵・展示。弥生時代中期の考古資料。吉野ヶ里遺跡は筑後川水系に属し、佐賀平野東部の丘陵上にある。工業団地造成に伴う発掘調査が1986年に始まると、大規模な集落跡が見つかって歴史公園として保存整備された。弥生時代前期から後期の環濠集落、墓地、墳丘墓、古墳時代の古墳と集落、歴史時代の官衙など多数の遺構が確認され、膨大な数量の遺物が出土した。重要文化財に指定されたのは、遺跡北側にある弥生時代中期の、紀元前1世紀に造営された北墳丘墓の甕棺から出土した副葬品である。墳丘墓は南北長さ約40m、東西長さ約27mの長方形で、高さは現在2.5mであるが、元来4.5m以上あったと考えられている。墳丘墓から14基の大型甕棺が見つかり、そのうちの8基から、把頭飾付細形銅剣を含む銅剣8本、ガラス製管玉79個が出土した。墳丘墓は周辺の墳墓群から隔絶された高所にあり、しかもほかの墳墓からほとんど副葬品が出土していないことから、墳丘墓に埋葬された人たちは集落の首長・司祭など、特別な人物だったと推測されている。把頭飾付細形銅剣とは、柄の端部に細長い柳葉状のものを直交させた銅剣で、主に朝鮮南部に分布する。墳丘墓の副葬品は、階層分化と権力の象徴が出現したことを示す物品である。

◎梵網経

三田川町の東妙寺の所蔵。南北朝時代の典籍。梵網経は5世紀頃に中国で撰述された偽経といわれている。菩薩の階位と戒律に関する大乗菩薩戒の根本聖典として尊重され、在家戒として父母、師僧、三宝への孝順を強調する。東妙寺の梵網経は、後醍醐天皇の皇子懐良親王が、母霊照院禅尼の忌を迎えて1378年に写経したものである。長さ10.77mもあり、金銀箔を散らし、金泥で界線を引いた豪華な装飾経である。懐良親王は、南朝の拠点を九州に築くために征西将軍となって、1348年に肥後（熊本県）の菊池武光のもとに本拠を構えた。1361年に太宰府を奪取して10年間南朝の勢力を保ったが、九州探題の今川貞世によって肥後の山間へ追われ、1383年に筑後国矢部（福岡県矢部村）で失意の中で没したと伝えられる。写経の発願は、寂寥とした心境と無縁ではなかっただろう。

I　歴史の文化編　　21

◎染付山水図輪花大鉢
（そめつけさんすいずりんかおおばち）

有田町の九州陶磁文化館で収蔵・展示。江戸時代前期の工芸品。1640〜50年代に有田の山辺田窯で制作された染付磁器の大皿である。陶磁器は製造する焼成温度によって種類が異なり、土器は800℃前後、陶器は1,000〜1,300℃、磁器は1,300〜1,400℃の温度で焼かれる。日本における磁器生産は、豊臣秀吉の朝鮮侵略の時に連れて来られた李参平ら朝鮮人陶工たちによって、1616年に有田で始まった。1640年代には色絵磁器が出現し、成形や絵付けが向上して、朝鮮系の素朴な染付磁器を脱する大きな変化が生じた。染付山水図輪花大鉢は口径39.4cmで、揃いの食器としてではなく、造形に工夫を凝らした一点物の高級品として制作された。高台から口縁部までの内外側面に、波を打つギザギザの輪花（鎬）を一つひとつ箆で削り出している。内面の文様は、中央下部に柳と垣根のある家屋、向かって右側に樹木と岩山、左側に湖に船や魚、岩山、中央上部には小さな月と列をなす雁行が描かれ、風流で緻密な山水図となっている。口縁部と底部周縁部には唐草文様がめぐる。外面の側面中段にも唐草文様をめぐらせる。有田焼の技術革新を示す代表的作品である。

◎多久聖廟
（たくせいびょう）

多久市にある。江戸時代中期の神社。多久は江戸時代に佐賀藩の親類同格だった多久氏の領地で、4代領主多久茂文が儒学を重視して、孔子を祀る聖廟を1708年に建立した。聖廟の位置は中国の故事にならい、北に山を負い、南に仰高門と呼ばれる石造門をかまえ、門の前に泮池を設ける。仰高とは弟子の顔淵が孔子の高徳をたたえた言葉である。また弟子の子貢が孔子の墓に楷を植えたことにちなんで、仰高門の脇に楷樹がある。聖廟は、本堂と、背後に張り出した室と呼ばれる部分からなる複雑な構造である。本堂は桁行3間、梁間3間の入母屋造の本瓦葺で裳階がめぐり、正面に唐破風の1間向拝が付く。柱の下に礎盤があり、全体的に禅宗様の仏殿に似ている。正面唐破風の軒下の妻飾りには一対の大きな鳳凰の彫刻があり、また柱の木鼻を竜頭と象頭の丸彫りにするなど、細部に施されたさまざまな装飾や彫刻が目に付く。背面の裳階に桁行2間、梁間1間の室が連結し、室の奥の張り出した部分に神壇があり、その上に八角形厨子の聖龕が置かれて、中に孔子像が安置されている。中国建築を意識した独特な雰囲気をかもし出す大規模な孔子廟である。

◎山口家住宅
（やまぐちけじゅうたく）

佐賀市にある。江戸時代後期の民家。屋根が口字型をした漏斗造という地域独特の農家で、19世紀初頭の建

造と推定されている。桁行、梁間ともに5間半の正方形をした寄棟造の建物で、屋根は葦葺である。北側中央に表玄関があり、北西側にはウマヤが突出する。内部は縦に二分されて、向かって右側にニワナカ（土間）、左側に4室ある。床上部の4室は、手前にザシキ、中間にアガリバナとナカノネドコの2室が並置され、奥にイタノマがある。この4間取りは、座敷とその奥に台所と納戸を並置させた3間取りから発展したと考えられている。口字型の屋根中央に集められた雨水は、土間の上部に設置された瓦製の樋（テェー）を流れて、右壁屋外下に置かれた木桶に排水するようになっている。漏斗造は筑後川河口付近の干拓地を中心に多く見られ、川打家住宅のような、佐賀平野に分布するくど造の一種と見られている。くど造とは、屋根がコ字型にまわり、かまど（くど）の形をしていることに由来する。直屋の端部に角屋を鉤形（直角）に付けた曲屋を拡張してコ字型のくど造となった。あるいは並列する2棟をつないでコ字型の屋根が発生したと考えられている。いずれにせよ、くど造は佐賀県の代表的民家である。

◎武雄温泉新館及び楼門

武雄市にある。大正時代の観光施設。武雄は古くから温泉地として有名で、江戸時代には佐賀藩の親類同格だった武雄鍋島氏の所有となった。近代に温泉は国有化されたが、払い下げられて柄崎温泉組（現武雄温泉株式会社）の運営となり、鉄道が開通して軍港佐世保や杵島炭鉱の温泉観光地となった。1913年に新しい温泉施設が計画され、日本銀行本店本館や東京駅丸ノ内本屋を設計した唐津出身の辰野金吾の辰野葛西事務所に、設計が依頼された。1915年に楼門と新館が完成した。2階建の楼門は入母屋造の本瓦葺で、初重の両側を袴腰風の漆喰塗白色大壁にした竜宮門形式である。初重中央はアーチ状の大きな通路となり、天井は折上格天井、柱下には礎盤がある。新館は木造2階建の桟瓦葺で、正面玄関車寄を中心に両翼が伸びる。1階後方左右に男女別の脱衣場があり、背面にそれぞれ5銭湯の八角形棟と10銭湯の長方形棟が付く。2階には8畳と12畳の休憩部屋が5室並ぶ。辰野が関与した数少ない和風建築であり、また湯治場を脱して、さまざまな娯楽を兼ね備えた近代的レジャー施設への志向がうかがえる。

☞そのほかの主な国宝／重要文化財一覧

	時　代	種　別	名　　　称	保管・所有
1	弥　生	考古資料	◎柚比本村遺跡墳墓出土品	佐賀県立博物館
2	弥　生	考古資料	◎桜馬場出土品	佐賀県立博物館
3	弥　生	考古資料	◎二塚山遺跡出土品	佐賀県立博物館
4	平　安	彫　刻	◎木造阿弥陀如来坐像	蓮厳院
5	平　安	彫　刻	◎木造帝釈天立像	常福寺
6	平　安	彫　刻	◎木造広目天立像・木造多聞天立像	大興善寺
7	平　安	書　跡	●催馬楽譜	鍋島報效会
8	平安〜江戸	古文書	◎武雄神社文書	武雄神社
9	平　安	考古資料	◎築山経塚出土瓦経	佐賀県立博物館
10	鎌　倉	彫　刻	◎木造四天王立像	広福護国禅寺
11	鎌　倉	彫　刻	◎木造不動明王及二童子像	永寿寺
12	鎌　倉	彫　刻	◎木造普賢延命菩薩騎象像（康俊作）	竜田寺
13	鎌　倉	彫　刻	◎木造円鑑禅師坐像	高城寺
14	南北朝	工芸品	◎金銅宝塔	実相院
15	江　戸	工芸品	◎色絵山水竹鳥文輪花大皿（鍋島）	鍋島報效会
16	中国／元	絵　画	◎絹本著色見心来復像	萬歳寺
17	朝鮮／高麗	絵　画	◎絹本著色楊柳観音像	鏡神社
18	室町前期	神　社	◎田嶋神社本殿	田嶋神社
19	桃　山	石造物	◎与賀神社三の鳥居及び石橋	与賀神社
20	江戸中期	民　家	◎川打家住宅（多久市西多久町）	多久市
21	江戸後期	民　家	◎吉村家住宅（佐賀市富士町）	―
22	江戸末期	民　家	◎佐賀城鯱の門及び続櫓	佐賀市
23	江戸末期	民　家	◎西岡家住宅（嬉野市塩田町）	―
24	江戸末期	民　家	◎土井家住宅（杵島郡大町町）	―
25	明　治	住　居	◎旧筒取家住宅	唐津市

←佐賀城鯱の門

城　郭

地域の特色

　佐賀県は旧肥前国東側を占める。弥生時代には千塔山・下中杖遺跡から環濠集落が確認される。古墳時代から飛鳥時代にかけ神籠石山城が帯隈山、雷山（らいざん）、武雄のおつぼ山（おぶくま）で確認されている。大和朝廷による大宰府をめぐる築城中に、基山城と、狼煙台が肥前に20ヵ所あったと史料に記され、そのうち旭山・日隈山・両子山・鏡山が比定遺跡とされる。さらに大宰府を守る水城（みずき）の土塁として、城山には「関屋の土塁」と「とうれぎ土塁」の2か所が検出されている。鎌倉時代になると鎮西御家人として所領を得たものの入部がみられた。松浦（まつら）党一門や橘渋江氏の潮見、綾部氏の綾部城、千葉氏の千葉城、高木氏の高木城、龍造寺氏の水ヶ江城や方形館である。

　南北朝争乱期には大宰府をめぐり多くの山城が少弐・今川・菊池・一色氏らによって築かれた。鎮西山城、朝日山城、横大路城、少弐山城が史料にみえる。松浦党には岸岳城の波多野氏、獅子ヶ城の鶴田氏、鬼ヶ城の草野氏、青山城の青山氏、唐船城の有田氏などがあった。

　戦国期になると住吉城と武雄城の後藤氏、西千葉城と晴気城（はるけ）の千葉氏、蟻尾城（ありお）と原城の大村氏らが活躍するが、佐賀を拠点とする竜造寺氏によって在地豪族は統一される。

　天正19（1591）年9月、豊臣秀吉は日本統一に引き続き朝鮮出兵を発令。肥前名護屋を本陣として築城を始める。関白職を豊臣秀次に譲ると文禄元（1592）年3月、秀吉は本陣とした名護屋に出陣。小西行長らを渡海させ半島に上陸させた。行長と加藤清正は同年5月には京城を占領。翌2（1593）年6月仲介に入った明国使に秀吉は7ヶ条の講和条件を示すが折合わない。慶長元（1596）年9月再度明国使と会見するが示された内容に秀吉は怒り、再出兵。翌2年8月秀吉没をもって日本軍は12月までに完全撤退した。江戸時代になり、肥前には佐賀城、唐津城、平戸城、福江城、大村城、島原城が存城。蓮池、鹿島など4陣屋が明治まで存在した。

Ⅰ　歴史の文化編

主な城

唐津城 _{から つ}　**別名** 舞鶴城　**所在** 唐津市東城内　**遺構** 石垣、堀、模擬天守

　城は松浦川が唐津湾に注ぐ河口に位置する満島山に築かれている。東の虹ノ松原から延びた砂州と地続きであった満島山を、松浦川の流路を変更して城の防備、水運の便をはかった。文禄2（1593）年に豊臣秀吉は波多氏に替わり、12万3千石に加増された寺沢広高を唐津城に入れた。慶長7（1602）年から本格的な唐津築城となるが、唐津築城以前の広高は波多氏の支城、田中城にいたという。慶長13（1608）年までかかった築城は九州諸大名の助力により完成し、肥後堀、薩摩堀、佐賀堀、柳川堀といった諸大名の助力を裏付ける堀名が残る。広高の子堅高の時に起こった島原の乱は天草にも普及し、天草領支配のために築いた富岡城が一揆勢に囲まれた。乱の収束後一時はすべての領地を没収されたが、父広高の功績や島原の乱で富岡城を死守した軍功などから、天草領4万石の没収のみで済んだが嗣子なく断絶。その後天領を経て大久保氏2代、大給松平氏3代、土井氏4代、水野氏4代、小笠原氏6代と続き明治維新を迎える。現在五層の模擬天守が建っているが、寛永4（1627）年の隠密探索書には「天守なし」と記されている。天守台はじめ城址からは、名護屋城の特色たる左巴文瓦、金箔瓦が出土。平成23（2011）年には唐津城最古とみられる石垣が現在の城の下から発見され、唐津城と名護屋城の関係を考える上で、重要な遺構・遺物である。なお、城下には三の丸辰巳櫓が復元されている。

基肄城 _{き い}　**別名** 椽城、記夷城　**所在** 三養郡基部基山町　**遺構** 石垣、土塁、水門、礎石　**史跡** 国特別史跡

　天智天皇4（665）年に築かれた朝鮮式山城で、同時期に築かれた筑前の水城や大野城が玄界灘をのぞみ、大宰府の北側を守ったのに対し、基肄城は南面、有明海方面からの外敵に備えたという。

　城地の西峰を基山（標高405m）、東峰を坊中山（標高327m）といい、この峰間を北部は土塁、南部を石垣によってつないだ、馬蹄形中窪みの半月形をなしている。事あるとき、付近住民を収容する目的があったといわれる。物見台、土塁、石垣、水門、礎石、城門跡などが確認されている。単弁瓦なども出土している。尾根筋には、武器や食料の倉庫跡とみられる礎

石群があり、約40棟確認される。

岸岳城 きしだけ

別名 貴志岳城、鬼子岳城　所在 唐津市相知町　遺構 石垣、土塁

　平安末期から戦国時代までの約400年間、17代にわたって北肥前を支配した、上松浦党の盟主・波多氏の本拠であった。豊臣秀吉の朝鮮出兵に城主波多親は上松浦党の首領として佐賀城主鍋島直茂の軍に加わったが、対馬に帰陣したところで領地没収のうえ、徳川家康に預けられた。その理由については、秀吉の九州平定での遅参、朝鮮の順天倭城での敗北ともいわれる。文禄3（1594）年家康のもとから常陸筑波山麓に配された。波多氏の再興はかなわず、波多氏の旧領は寺沢広高に与えられた。

　城は標高320mの岸岳に築かれ、尾根筋に曲輪が確認されるが、主要部は岸岳東部の本丸から西方に二の丸、三の丸からなっている。石垣、堀、水溜などが残るが、石垣は寺沢氏時代の構築とみられることから、廃城の時期は明らかでない。

佐賀城 さが

別名 佐嘉城、亀甲城、栄城　所在 佐賀市城内　遺構 城門（現存）、石垣、堀、本丸御殿一部（復元）

　戦国時代末期に北九州に君臨した龍造寺隆信が、天正12（1584）年有馬、島津氏の連合軍と戦って敗れ、戦死した。後を継いだ政家は同15（1587）年、秀吉の九州平定後の九州国分では、佐賀35万7千石の地を安堵されたが、4年後の同19（1591）年、秀吉から隠居させられ、鍋島直茂が政家の領国を継いだ。隆信の死後、龍造寺氏が鍋島氏によって支えられ、事実上の支配者は鍋島であった。慶長12（1607）年、政家の子高房が継ぐが相続いて没し、鍋島氏が実権を握った。

　城は龍造寺氏時代の本城であった村中城を拡張、修築して鍋島直茂の子勝茂が慶長16（1611）年に完成させた。以後明治維新まで11代にわたる鍋島氏の居城となった。享保11（1726）年、天守（四層五階）その他を焼失した。本丸などは復旧されたが天守は再建されなかった。建築物は「鯱の門」のみが残る。平成16（2004）年に本丸御殿の一部が当時の建築工法で復元されている。

獅子ヶ城 しし

別名 鹿家城、獅子城　所在 唐津市厳木町　遺構 石垣

　城は標高200mの厳木町の南、岩山が城址である。松浦地方と佐賀・伊

I　歴史の文化編　27

万里を結ぶ交通の要所にあたり、築城は治承年間（1177～81）の鎌倉初頭で地頭職に補任された源直の孫源披によったという。披の子が平戸に移り、城は廃される。戦国期になり城は重要性が増し、天文14（1545）年頃、上松浦党一族で大川の日在城主鶴田前が城主となり上松浦党の首領となった波多氏に属した。文禄3（1594）年、豊臣秀吉により波多野氏の鶴田賢は城から追放され、城は廃城となった。その後寺沢広高が入城したが、元和元（1615）年廃城となる。

　現存する石垣、空堀は鶴田氏時代のもので、塁壁は岩盤を利用、要所に垂直な切岸塁壁が残る。西の山頂が本丸で広間、台所跡などの伝承地があり、石垣がめぐり巨石と堀切が構えられる。19世紀中頃の『秀島皷渓覚書』に城の構えについて詳細なことが記される。遺構の保存状況は良好である。

肥前名護屋城

別名 名護屋御旅館　**所在** 唐津市鎮西町名護屋
遺構 石垣、空堀　**史跡** 国指定史跡

　上松浦党の首領、岸岳城主波多氏の一族、名護屋氏の居城であった垣福城の古城址に豊臣秀吉が朝鮮出兵の基地として築いた。天正19（1591）年8月に起工、加藤清正、寺沢広高が普請奉行となって、突貫工事で翌文禄元（1592）年3月下旬に一応完成した。秀吉は完成直前の3月京都を出発して、4月1日には、小西行長を先手とする第一陣の出兵を見送っている。秀吉が在城したのは前後を通じて1年2ヶ月で、朝鮮出兵が失敗に終わると、寺沢広高がこの地の領主となった。

　本丸、二の丸、三の丸、山里丸そのほか数郭を有し、本丸の西北隅には五層の天守があげられた。「肥前名護屋城図屏風」に見ると、天守は二層大入母屋の上に三層がのり、最上階五重目は望楼造り高欄廻縁造りで、外壁は白亜白壁造りであった。諸記録では初重は11間に10間の広さで1間は1.8mの長さであった。本丸の下には檜皮葺きの茶室か数寄屋が数党と山里曲輪があり各曲輪上には二層櫓が計15基と数棟の多聞櫓が建ち並んでいた。曲輪は高石垣の上に形成された。現存する石垣全ての角は崩れている。これは廃城と同時に石垣として重要な角を破壊して城として再利用できないよう人為的に崩したものである。

　また、名護屋城をめぐる豊臣大名の陣城が現在150ヵ所ほど確認されている。いずれも石垣と櫓を構える本格的な城郭造りであったことが、現状遺構、「屏風絵」、諸記録から判明している。

戦国大名

佐賀県の戦国史

室町時代の佐賀県域は守護少弐氏と、それを支える小城の千葉氏、松浦地方に蟠踞する同族集団松浦党が力を持っていた。少弐氏は元来太宰府を本拠としていたが、永享5年（1433）大内持世に敗れて太宰府を失い、文明15年（1483）に政資が肥前で挙兵、その末子資元は拠点を肥前国に移して龍造寺氏の支援を得、少弐氏を再興した。

千葉氏は元寇の際に晴気荘に下向した西遷御家人で、守護少弐氏を支える立場にあったが、少弐氏の没落に従ってその力を伸ばし、室町時代後期には事実上小城・佐賀・杵島の3郡を支配していたとみられる。応仁の乱後、千葉氏は千葉城に拠った小城千葉氏（東千葉家）と晴気城に拠った晴気千葉氏（西千葉家）の2流に分裂した。

一方、松浦党は嵯峨源氏を中心とした海の同族集団で、上松浦党、下松浦党、宇久党に分かれ、佐賀県域は上松浦党の諸氏が広がった。このなかでは波多氏と鶴田氏が比較的大きな勢力を持っていた。

この頃急速に勢力を広げたのが筑紫氏である。筑紫氏はその詳細がはっきりしない。少弐氏の一族とされ、本来は筑前の武士だったが、戦国時代初期惟門のときに勝尾城（鳥栖市）に拠って自立して戦国大名となった。以後、大内氏、少弐氏、毛利氏、大友氏など、目まぐるしく結ぶ相手を変え、子広門は肥前国城肆・養父・三根の3郡を支配している。

永禄2年（1559）少弐冬尚が龍造寺隆信に敗れて滅亡した。龍造寺氏は少弐氏累代の家臣で、庶流の水ヶ江家から龍造寺氏を継いだ隆信は、譜代の重臣鍋島直茂を用いて筑後・肥後にも進出、大友氏、島津氏とともに九州を三分する大大名に発展した。しかし、天正12年（1584）隆信は島津家久に島原で敗れて自刃。子政家は病弱のため鍋島直茂に実権を奪われ、豊臣秀吉の九州仕置でも鍋島直茂による統治が追認された。

I　歴史の文化編　29

主な戦国大名・国衆

相浦氏 嵯峨源氏松浦党の一つ。宇野御厨の下松浦党の嫡流で、系譜的にはあいのうら松浦党の嫡流にあたる。治承3年(1179)肥前国小城郡相浦(多久市北多久町)に移り相浦氏を名乗った。鎌倉時代は幕府の御家人となり、南北朝時代には一族が南北に分かれている。戦国時代には上松浦党の平戸松浦氏と争ったが、永禄年間(1558～70)に松浦隆信に敗れてその三男親を養子に迎え、松浦党宗家の地位を失った。子孫は多久氏に仕えて佐賀藩士となった家と旗本となった家がある。

朝日氏 肥前国養父郡の国衆。藤原北家。少弐盛経の子資信(法)が朝日あさひ村(鳥栖市)に住んで朝日山城を築城したのが祖。建武3年(1336)資直・資信兄弟は九州に下ってきた足利尊氏に従っている。以後享禄元年(1528)に頼貫が大内氏に敗れて落城するまで、200年間居城した。

有浦氏 嵯峨源氏で肥前松浦党の一つ。康永元年(1342)佐志勤の子披がありうら肥前国松浦郡松浦荘西郷佐志村有浦(東松浦郡玄海町)を領し有浦氏を称した。戦国時代、宗珊は高江城(玄海町)に拠り、波多氏の重臣であった。天正15年(1587)の豊臣秀吉の九州平定では所領を安堵されている。江戸時代には唐津に入部した寺沢氏に仕え、その改易後は大久保氏に仕えて小田原藩士となった。

有田氏 肥前国松浦郡有田(西松浦郡有田町)の国衆。嵯峨源氏松浦党のありた一族で源直の三男栄が祖という。建保6年(1218)に唐船城(有田町山田牧)を築城したという。天文9年(1540)15代政のときに平戸の松浦弘定に敗れて落城した。その後、有馬氏と結んで松浦氏に対抗したが、天正5年(1577)盛のときに龍造寺隆信に敗れて、その家臣となった。盛ののちは龍造寺信周(隆信の弟)の子茂成が継ぎ、江戸時代佐賀藩士となる。

石井氏 肥前国小城郡の国衆。藤原姓という。建長2年(1250)下総国にいしい下向して猿島郡石井(茨城県坂東市)に住み、石井氏を称したのが祖。千

葉氏に属し肥前千葉氏に従って肥前国小城郡に転じた。戦国時代、忠義は龍造寺氏に仕え、その5人の子忠清・忠繁・忠時・忠本・忠房はそれぞれ独立、石井一党として活躍した。忠清の子常延の娘は鍋島直茂の後室陽泰院となり、江戸時代は佐賀藩士となった。

伊万里氏
肥前国松浦郡の国衆。松浦党の一つ。松浦直の二男披が峯氏を称し、その孫の留が寛元元年（1243）に伊万里城（伊万里市松島町）を築城し、伊万里氏を称したのが祖。代々伊万里城に拠った。室町時代には今川了俊が探題として九州に下向した際には、伊万里貞が参陣している。永禄5年（1562）直のときに龍造寺氏に敗れ、子治は天正5年（1577）に龍造寺隆信に降った。

宇礼志野氏
肥前国藤津郡宇礼志野荘（嬉野市）の国衆。「嬉野」とも書く。白石氏の末裔で、南北朝時代に通治（晴）が宇礼志野荘に住んで宇礼志野氏を称したのが祖。子通正は稲佐城に転じたが、天文年間（1532〜55）に通久が再び宇礼志野荘に移って湯野田城（嬉野市下宿）に拠った。子直通は天正元年（1576）に龍造寺氏に従って日守城に拠り、その弟の通益は烏帽子岩城主となった。

相知氏
肥前国松浦郡の国衆。松浦党の一つ。建長2年（1250）神田五郎純の子勝が鎌倉幕府から松浦荘西郷相知村（唐津市相知町相知）を与えられて、相知氏を称したのが祖。元寇に際しては相知比が功をあげ、南北朝時代には秀が活躍。一族は周辺に広がり、庶流に築地氏、梶山氏、中山氏、向氏、黒岩氏などがある。戦国時代末期、波多氏と鶴田氏との抗争に際して鶴田氏側につき、敗れて壱岐に逃れたという。

鴨打氏
肥前国小城郡の国衆。松浦党の一つで、後鳥羽院から鴨打氏を賜ったという。永正年間（1504〜21）に鴨打輝が千葉氏に招かれて、下松浦から小城郡芦刈に移り、以後芦刈城（小城市芦刈町）に拠った。輝の子胤宗は千葉氏と縁戚関係を持ち、その子胤忠は天文14年（1545）龍造寺氏に従った。さらに元亀元年（1570）に大友宗麟が龍造寺氏を攻めた際には、鍋島直茂とともに宗麟を敗走させ、以後は鍋島氏に従った。

草野氏{くさの}　肥前国松浦郡の国衆。筑後草野氏の一族。文治2年（1186）草野永平が松浦郡の鏡神社宮司となり、のち鬼ヶ城（唐津市浜玉町）を築城して土着したのが祖。天文21年（1552）草野長門守永久が死去すると、高祖城主原田隆種の二男種吉が継いで草野鎮永となった。天正元年（1573）龍造寺隆信に敗れて鬼ヶ城が落城、実家原田氏のもとに逃れていたが、原田氏とともに龍造寺氏に降った。龍造寺氏没落後は島津氏に通じ、同15年豊臣秀吉の九州攻めで滅亡した。

神代氏{くましろ}　肥前国神埼郡の国衆。武内宿禰の末裔で、もとは筑後国高良山玉垂宮（福岡県久留米市）の大宮司だったが平安末期に武士化し、文治元年（1185）良光が同国三井郡神代（福岡県久留米市山川神代）に移り住んで神代氏を称したという。永正年間（1504〜21）宗元が神代を追われたが、肥前国千布城主陣内大和守の女婿となって神代氏を再興、少弐氏に属していた。その後、神代勝利は龍造寺隆信と対立。子長良は元亀元年（1570）に龍造寺氏と結んで三瀬城（佐賀市三瀬村三瀬）に拠り、天正7年（1579）には鍋島直茂の甥家良を養子に迎えて、龍造寺隆信の家臣となった。家良はのちに川久保鍋島家を称し、江戸時代は佐賀藩重臣となった。

後藤氏{ごとう}　肥前国杵島郡の国衆。藤原北家利仁流。河内国坂戸荘の地頭後藤章明の末裔が肥前国杵島郡塚崎荘（武雄市）の地頭となって下向したという。承安2年（1172）の4代宗明が資料的な初見で、以後武雄地方の在地領主として発展した。天正5年（1577）、貴明のときに龍造寺氏に属した。貴明は龍造寺隆信の三男家信を養子としたことから龍造寺氏も名乗った。江戸時代は佐賀藩家老武雄鍋島家となる。

高木氏{たかぎ}　肥前国佐嘉郡の国衆。名字の地は同郡高木（佐賀市）で、平安末期には在庁官人をつとめていた。藤原北家で大宰権帥隆家の末裔とも秀郷流ともいう。源平合戦の際には源氏方につき、文治2年（1186）宗家が佐嘉郡深溝北郷甘南備峯（佐賀市大和町）、季家が同郡小津東郷龍造寺村（佐賀市）の地頭となっている。のち東高木家と西高木家に分かれ、戦国時代には東高木家の鑑房、西高木家の胤秀ともに龍造寺氏に仕えた。天文22年（1553）鑑房は龍造寺隆信に、元亀元年（1570）胤秀は島津氏に討たれた。

多久氏　肥前国小城郡の国衆。建久4年（1193）津久井宗直が源頼朝から肥前国小城郡多久荘（多久市）の地頭職を与えられたのが祖。梶峰城（多久市多久町）を築城して拠った。戦国時代龍造寺隆信に敗れて滅亡、隆信の弟の長信が多久氏の名跡を継いだ。以後、後多久氏ともいわれる。子安順は慶長の役に出陣、朝鮮より陶工李参平を連れ帰り、参平はのちに有田で磁器を焼いたという。その後、佐賀藩主鍋島直茂の娘を妻とし、江戸時代は佐賀藩家老をつとめた。

千葉氏　肥前国の戦国大名。桓武平氏。千葉常胤が平氏の没官領の肥前国小城郡晴気保（小城市小城町）を与えられたのが祖。元冠の際に千葉頼胤が下向し、子宗胤がそのまま土着した。室町時代に千葉城に拠った小城千葉氏（東千葉家）と、晴気城に拠った晴気千葉氏（西千葉家）の2流に分かれた。永禄2年（1559）少弐時尚を擁した晴気城主千葉胤頼が、龍造寺隆信の支援を得た牛尾城（小城市小城町牛尾）城主千葉胤連に敗れて落城、胤頼は討死し、少弐氏は滅亡している。天文年間頃に両千葉氏は和睦、少弐冬尚の弟胤頼が東千葉氏、鍋島直茂が西千葉氏の家督を継いだが、やがて決裂。東千葉家は龍造寺氏に敗れ、西千葉家は龍造寺氏に属した。その後西千葉家は鍋島氏に仕え、江戸時代は佐賀藩重臣となった。

筑紫氏　肥前国の戦国大名。名字の地は筑前国御笠郡筑紫村（福岡県筑紫野市）で、藤原北家少弐氏の一族で少弐貞頼の子教門を祖とする。戦国時代初期、惟門のときに勝尾城（鳥栖市）に拠って自立して戦国大名となった。子広門（上野介）は肥前国城肆・養父・三根の三郡を領し、大友氏に属した。天正15年（1587）の豊臣秀吉の九州攻めに遅参したため所領を没収され、改めて筑後国上妻郡で1万8000石を与えられて山下城に住んだ。関ヶ原合戦では西軍に属して滅亡した。

鶴田氏　肥前松浦党の一つ。波多持の子来が松浦郡鶴田（唐津市相知町佐里）に住んで鶴田氏の祖となり、天文年間に日在城の城主となった。その後、日在城に拠った嫡流の因幡守家と、岩屋を本拠として獅子ヶ城（唐津市厳木町）に拠った庶流の越前守家に分かれた。因幡守家は永禄6年（1563）龍造寺氏に属したため、翌年大友氏に与した本家波多氏によって鶴

I　歴史の文化編　33

田直が謀殺された。文禄2年（1593）豊臣秀吉によって改易された。

鍋島氏
（なべしま）

龍造寺氏重臣。少弐氏の一族と称しているが、宇多源氏佐々木氏の末裔という長岡宗元が祖か。肥前千葉氏を経て龍造寺氏に仕え、佐賀郡本庄村（佐賀市本庄町）に住んだ。やがて、龍造寺氏と血縁関係を結んで譜代の重臣となり、直茂は龍造寺隆信家臣団の筆頭の地位にあった。天正12年（1584）龍造寺隆信が戦死すると、跡を継いだ政家は政治を鍋島直茂に任せ、九州を制圧した豊臣秀吉も現状を追認して鍋島直茂に肥前佐賀35万7000石を実質的に支配させた。

波多氏
（はた）

肥前の戦国大名。嵯峨源氏で上松浦党の一つ。源久の二男持が松浦郡波多郷（唐津市）を与えられて波多氏を称したのが祖。上松浦党の一員で、文明年間（1469〜87）に壱岐を支配した波多泰も一族というがはっきりしない。天正3年（1575）親（信時）のとき龍造寺氏の配下となり、同15年豊臣秀吉に従って岸岳城（唐津市）で8万石を領した。文禄3年（1594）朝鮮出兵の不手際で秀吉の怒りに触れ、改易となった。

龍造寺氏
（りゅうぞうじ）

肥前の戦国大名。藤原北家秀郷流佐藤氏の末裔というが不詳。在庁官人高木氏の出である季（秀）家が鎌倉幕府の御家人となり、文治2年（1186）肥前国佐嘉郡津東郷龍造寺（佐賀市）の地頭となって龍造寺氏を称したのが祖。その後筑前国にも進出、天文14年（1545）少弐氏に叛旗を翻したため家和は筑前を追われたが、弟で水ヶ江城に拠っていた家兼が鍋島氏の助力を得て勢力を回復している。翌年家兼が死去したため、仏門に入っていた隆信が還俗して家を継ぐと、嫡流の胤栄も死去したため胤栄の未亡人と再婚して龍造寺一門の総帥となった。隆信は永禄2年（1559）には少弐氏を滅ぼして肥前を支配。その後、筑後・肥後にも進出して、大友氏、島津氏とともに九州を三分する大大名に発展した。天正12年（1584）隆信は島津家久に島原で敗れて自刃。子政家は病弱のため、鍋島直茂に実権を奪われた。関ヶ原合戦後、肥前は鍋島氏に与えられ、龍造寺氏はその家臣として佐賀藩士となった。

名門／名家

◎中世の名族

龍造寺氏
りゅうぞうじ

肥前の戦国大名。藤原北家秀郷流佐藤氏の末裔と称すが不詳。在庁官人高木氏の出である季（秀）家が鎌倉幕府の御家人となり、1186（文治2）年肥前国佐嘉郡津東郷龍造寺（佐賀市）の地頭となって龍造寺氏を称したのが祖。

その後、筑前国にも進出し、南北朝時代、家親・家政父子は足利尊氏に従って活躍した。室町時代は少弐氏に属して大内氏と戦っている。

1545（天文14）年少弐氏に叛旗を翻したため家和は筑前を追われたが、弟で水ヶ江城に拠っていた家兼が鍋島氏の助力を得て勢力を回復している。翌年家兼が死去したため、仏門に入っていた隆信が還俗して家を継ぐと、嫡流の胤栄も死去したため胤栄の未亡人と再婚、龍造寺一門の総帥となった。

隆信は59（永禄2）年には少弐氏を滅ぼし、肥前を支配。その後、筑後・肥後にも進出して、大友氏、島津氏と共に九州を三分する大大名に発展した。84（天正12）年隆信は島津家久に島原で敗れて自刃。子政家は病弱のため、鍋島直茂に実権を奪われた。関ヶ原合戦後、肥前は鍋島氏に与えられ、龍造寺氏はその家臣として佐賀藩士となった。1602（慶長7）年高房の死で、嫡流は断絶した。

一族の諌早氏、多久氏は佐賀藩家老となった。

◎近世以降の名家

諫早家
いさはや

佐賀藩家老。龍造寺鑑兼の子家晴は筑後柳河城主だったが、1587（天正15）年の豊臣秀吉の九州攻めで柳河を失い、肥前国高来郡伊佐

早（長崎県諫早市）に転じた。

　龍造寺宗家の滅亡後、諫早氏と改称して鍋島家の家臣となり、江戸時代は佐賀藩の家老となった。家格は御三家、御親類に次ぐ御親類同格である。その所領は佐賀県太良町から長崎県諫早市、長崎市東部に至る地域で、2万6200石であった。

　幕末、一学は戊辰戦争や西南戦争で活躍し、1897（明治30）年家崇の時男爵となっている。

今泉家
いまいずみ

　佐賀藩の御用赤絵師。代々今右衛門を称した。江戸時代は赤絵付けのみだったが、明治時代の10代藤太の時から素地から一貫してつくるようになった。12代目の1971（昭和46）年には色鍋島技術保存会が国の重要無形文化財総合指定を受けている。2001（平成13）年に死去した人間国宝の今右衛門は13代目である。

小笠原家
おがさわら

　唐津藩主。松本藩主小笠原秀政の三男忠知は一家を興して旗本となった後、1632（寛永9）年豊後杵築4万石を立藩、45（正保2）年三河吉田4万5000石に加転した。子長矩は弟に5000石を分知して4万石となるが、長重が97（元禄10）年老中となって武蔵岩槻5万石に転じた。その後、1711（正徳元）年遠江掛川、46（延享3）年陸奥棚倉を経て、1817（文化14）年長昌の時に肥前唐津6万石に入封。幕末、長国の子長行は世子のまま若年寄・老中を歴任。第2次長州戦争では九州方面軍を指揮して敗れ、奥羽越列藩同盟が成立すると会津城に入城。さらに、榎本武揚と共に箱館の五稜郭に立て籠もっている。そのため、長国は維新後長行を義絶して恭順の意を表した。84（明治17）年長生の時子爵となり、海軍中将、宮中顧問官を歴任した。

酒井田家
さかいだ

　有田焼の陶工。初代柿右衛門は筑後国八女出身の酒井田円西の子で、戦国時代末期に肥前国白石に移り、1616（元和2）年頃から有田に住んだという。赤絵の技術を生み出したことから、佐賀藩主から「柿右衛門」の名を贈られたといい、以後代々柿右衛門を称した。江戸中期以降は赤絵技術が途絶えていたが、戦後12代目が復元に成功した。現在の当主は15代目である。

多久家
たく

佐賀藩家老。戦国時代、龍造寺隆信は多久氏を滅ぼすと、弟の長信に多久氏の名跡を継がせた。以後、後多久氏ともいわれる。子安順は慶長の役に出陣、朝鮮より陶工李参平を連れ帰り、参平は後に有田で磁気を焼いたという。

その後、佐賀藩主鍋島直茂の娘を妻として佐賀藩家老となり、江戸時代は2万5000石を領した。1836（天保7）年茂澄は所領を没収されたが、子茂族が7000石で再興。後家老となり、戊辰戦争では政府軍参謀として会津戦争に参加した。97（明治30）年乾一郎の時に男爵となった。

武富家
たけとみ

佐賀城下白山町（佐賀市白山）の豪商。明人の末裔で、三溝村（佐賀市神野町）の郷士武富家の娘を娶って武富氏を称したのが祖という。佐賀藩の呉服御用商人である他、丸薬業も営み、白山町の町人頭でもあった。また、大村城下にも支店を出し、大村藩の財政再建にも関与している。

田中丸家
た　なかまる

小城郡牛津（小城市牛津町）の豪商。1806（文化3）年初代市兵衛が牛津西町で荒物小売を開業したのが祖。孫の初代善蔵は京都・大坂から商品を仕入れて豪商となった。2代目善蔵は日清戦争の際に佐世保に進出、佐世保海軍鎮守府から包帯用晒木綿を大量に受注、以後海軍御用達となって、福岡・佐賀・長崎3県にわたって百貨店網を形成した。

明治中期に建てられた同家のレンガづくりの倉庫「牛津赤れんが館」と、同家住宅だった「牛津会館」は共に国登録文化財である。

谷口家
たにぐち

佐賀城下長瀬町（佐賀市）の佐賀藩御用鋳物師。筑前国芦屋（福岡県遠賀郡芦屋町）から移り住んだといい、英彦山の銅の大鳥居をつくったことで知られる。幕末には日本初の反射炉を製造、維新後は谷口鉄工所に改組して鋳鉄管メーカーとして知られた。1929（昭和4）年に閉鎖した。

中元寺家
ちゅうがんじ

佐賀城下の豪商。佐賀藩の掛屋をつとめた。元は蠣久天満宮（佐賀市鍋島町）宮司の出で、島原の乱などで武器の調達などをして藩と結びつきができた。呉服町に広大な屋敷を構え、銀判屋を営んでいた。

中尾家 なかお

肥前国東松浦郡呼子（唐津市呼子町）の鯨組。1690（元禄3）年に初代甚六が呼子で初めて捕鯨を始め、唐津藩内だけでなく小値賀島や宇久島でも捕鯨を行った。3代目甚六の頃には、その財力は藩主をも凌いだという。代々甚六を名乗り、1877（明治10）年8代目の時に廃業した。同家住宅は佐賀県重要文化財に指定されている。

中里家 なかざと

唐津藩の御用焼物師。高麗人という初代又七が1596（慶長元）年に肥前国田代村（伊万里市大川町）で焼物を始めたのが祖。江戸時代は代々唐津藩の御用窯師をつとめ、将軍家に献上する「献上唐津」を焼いた。

12代目の人間国宝中里無庵が住んだ唐津市町田の中里太郎右衛門陶房内の築150年の民家を改築して、2020（令和2）年に御茶盌窯記念館として開館した。現在は14代目である。

中冨家 なかとみ

久光製薬創業家。元は対馬藩領だった肥前国の長崎街道田代宿（鳥栖市）の小松屋と号した問屋で、名字帯刀を許され久光家を称していた。

1847（弘化4）年仁平が荒木安易に漢方薬の製法を習い、売薬を始めたのが祖で、日向国を販路とした。71（明治4）年仁平は売薬専業となって久光常英堂と号し、家督を長男与市に譲った。与市の跡は三男の三郎が継いで軍用薬「奇神丹」を開発するなど発展、三郎は1905（同38）年に旧久留米藩士中冨家に迎えられて、以後中冨家となった。三郎の長男正義は鳥栖市議や鳥栖商工会議所会頭もつとめた。

鍋島家 なべしま

佐賀藩主。肥前国佐嘉郡鍋島（佐賀市鍋島）発祥。少弐氏の一族と称しているが、宇多源氏佐々木氏の末裔という長岡宗元が祖か。肥前千葉氏を経て龍造寺氏に仕え、佐賀郡本庄村（佐賀市本庄町）に住んだ。やがて、龍造寺氏と血縁関係を結んで譜代の重臣となり、直茂は龍造寺隆信家臣団の筆頭の地位にあった。

1584（天正12）年龍造寺隆信が戦死すると、跡を継いだ政家は政治を鍋島直茂に任せ、九州を制圧した豊臣秀吉も現状を追認して鍋島直茂に肥前佐賀35万7000石を実質的に支配させた。

関ヶ原合戦では直茂は初め西軍に属したが、後東軍に転じて柳河城主立

花宗茂を討って本領安堵された。1607（慶長12）年龍造寺本家が断絶した際に、子勝茂に龍造寺家を相続させ、以後は名実共に佐賀藩主をつとめた。

幕末の藩主直正（閑叟）は藩政を改革して反射炉、大砲などを製造、戊辰戦争でも重要な役割を果たした。1884（明治17）年直大の時に侯爵となる。

直大の二男貞次郎は1919（大正8）年に分家して男爵を授けられている。

鍋島家
なべしま

肥前鹿島藩主。1610（慶長15）年勝茂の弟忠茂が2万石を分知され、旧領と合わせて2万5000石となり鹿島藩を立藩した。42（寛永19）年正茂は5000石を残して2万石を本家忠直の弟の直朝に譲り、以後直朝の子孫が鹿島藩主となった。幕末の藩主の直彬は藩政の改革に成功した後、維新後は初代沖縄県令に就任、沖縄の発展に尽くした。1884（明治17）年子爵となり、後貴族院議員をつとめた。その子直紹は参議院議員となり、科学技術庁長官をつとめた。

鍋島家
なべしま

小城藩主。1614（慶長19）年賀藩初代藩主鍋島勝茂の庶長子元茂が7万3200石を分知されたのが祖で、40（寛永17）年肥前小城藩を立藩した。幕末、佐賀藩主直正の六男から小城藩主を継いだ直虎は、維新後イギリスに留学、帰国後は外務省御用となった。1884（明治17）年には子爵となり、後30年以上貴族院議員をつとめた。

鍋島家
なべしま

蓮池藩（佐賀市）藩主。1639（寛永16）年佐賀藩初代藩主鍋島勝茂の三男直澄が、父から5万2600石を分知されて肥前蓮池藩を立藩した。1884（明治17）年直柔の時に子爵となる。

鍋島家
なべしま

佐賀藩家老・藩主一門白石鍋島家。勝茂の六男直弘は成富頼武（茂安）の下で育てられ、1633（寛永10）年に正式に頼武の養子となった。その後独立して一家を興し、三根郡白石（みやき町）で9000石余りを領して白石鍋島家を称し、家老となった。家禄は後に2万石余りとなっている。

鍋島家
なべしま

佐賀藩親類格・武雄鍋島家。元は武雄領主の後藤氏である。1577（天正5）年に龍造寺隆信の三男家信が後藤氏を継いで龍造寺一門となり、江戸時代は佐賀藩家老となった。1699（元禄12）年親類同格となって

鍋島の名字を与えられ、以後武雄鍋島家と呼ばれた。家禄2万6000石。1997（明治30）年茂昌の時男爵となる。

原田家
はら だ

千鳥饅頭で知られる千鳥屋創業家。戦国時代の龍造寺氏家臣の出で、1630（寛永7）年肥前国佐賀郡久保田（佐賀市久保田町）で松月堂と号して菓子舗を開いたのが祖。現在は福岡県を拠点に一族が分家して東京・大阪にも展開している。

平吉家
ひらよし

佐賀城下（佐賀市）の豪商。祖は紀伊国熊野の出で、肥前国小城郡深川（小城市）に移り住んで深川氏を称し、さらに嘉瀬（佐賀市）に転じて千葉氏一族の平吉新兵衛に婿入りして平吉対馬守と改めたという。その子が刑部で鍋島直茂の下で金銀の調達などに活躍した。江戸時代初期には佐賀藩の御用商人として活躍したが、後期には没落している。

深川家
ふかがわ

小城城下（小城市）の豪商。熊野の鈴木氏の末裔といい、肥後国菊池郡深川（熊本県菊池市）に住んだ。後肥前の小城千葉氏に属して小城郡深川（三日月町）を領し、深川氏を称したという。

江戸時代、小城鍋島氏の成立時に帰農、本家の「西ノ深川」と分家の「東ノ深川」の二家があった。江戸時代中期からは酒造業の傍ら町役をつとめ、幕末には佐賀藩の御用商人となる。維新後は藩船を借り受けて大阪への定期航路を開き、やがて海運業や造船業に乗り出して地方財閥を築いたが、大恐慌頃に没落した。

幕末に建てられた同家住宅は国登録文化財である。

深堀家
ふかほり

佐賀藩家老。上総国夷隅郡深堀（千葉県いすみ市）発祥。桓武平氏三浦氏。1255（建長7）年能仲が承久の乱の功によって肥前国彼杵郡八浦荘（長崎県長崎市深堀町）の地頭となり、地名を深堀と改めて下向した。1577（天正5）年純賢の時龍造寺隆信に従う。後鍋島氏に仕え、江戸時代は佐賀藩家老となって6000石を領し、鍋島氏を称した。代々深堀に陣屋を構え、長崎港の警備役をつとめている。

博物館

干潟交流館 なな海
〈ムツゴロウの飼育展示〉

地域の特色

　佐賀県は、九州の北西部に位置する。人口・面積ともに九州の中では最も少なく、全都道府県中も41番目であるが、人口密度は16番目、九州でも2番目に高い。県の形は逆三角形に近く、北西部はリアス式海岸と砂浜の風光明媚な海岸線、南東部は最大干満差6メートルの干潟と干拓地の有明海という異なる二つの海に接している。有明海沿岸から筑後川沿いには県の面積の3割を占める肥沃な佐賀平野の田園風景が広がり、農業や水産業が盛んである。玄界灘から佐賀平野西部までは丘陵地帯で、北東部に脊振山地、南西部に多良岳山系など1,000メートル級の山地が丘陵地を挟んでおり、吉野ヶ里町・神埼市には弥生時代の大規模環濠集落である吉野ヶ里遺跡がある。佐賀の名称の由来は諸説あるが、肥前風土記に「日本武尊が御巡幸の時、この国は『栄の国』と呼ぶがよかろうと言い、改めて佐嘉郡と呼ぶようになった」とある。明治維新に至り佐嘉庁で新政の一環として「嘉」が「賀」に改められた。県内の地域区分は佐賀藩と唐津藩に二分されていたことから、唐津市を中心とした北西部と佐賀市を中心とした南東部に分ける2区分が最もよく用いられる。大陸文化の玄関口であった長崎から都へ抜ける長崎街道の道中として栄え、歴史的、文化的に重要な役割を果たした。長崎警備を担当していたことから海外の情報の入手が比較的容易であったため、反射炉や蒸気機関車模型といった先進的な科学技術の実験・研究も進んでいた。県の北西部にある有田町、伊万里市、唐津市は古くから陶磁器の産地として世界的に有名で、数百年の歴史をもつ窯が多い。

主な博物館

佐賀県立博物館　佐賀市城内

　1951（昭和26）年に開館した佐賀県文化館（現在の徴古館）が前身で、70

I　歴史の文化編　　41

（昭和45）年に明治百年記念事業として江戸期における佐賀城の三の丸跡に県立の総合博物館として開館した。佐賀県の歴史と文化にまつわる自然史、考古、歴史、美術、工芸、民俗の各分野にわたり収集した資料を調査・研究している。近年は利用者参加型の運営として、弥生土器の復元、拓本づくり、文化講座の開講、周囲の濠に棲む魚やトンボの観察会などの自然体験事業にも取り組んでいる。県内の博物館の中では最も多い学芸員を擁し、学校教育連携などにも積極的に行っている。

佐賀城本丸歴史館　　佐賀市城内

　日本の近代化に貢献した幕末維新期の佐賀を伝える歴史博物館として2004（平成16）年に開館した。天保期の佐賀城本丸御殿の遺構を保護しながら日本で初めて本丸御殿を復元し、また佐賀藩の科学技術、佐賀が輩出した偉人について紹介している。館内には45メートルの長廊下や320畳の大広間があり、「佐賀城御本丸差図」「長崎港警備図」「蒸気車雛型」「直正公嗣子淳一郎君種痘之図」などの実物資料とレプリカ、さらに「佐賀城模型」「小屋組模型」「反射炉断面模型」などの模型による展示もある。3D画面では「バーチャル佐賀城」探検ができARで鍋島直正と並んで写真が撮れるなど、実物や複製による展示、写真・映像機器・情報機器による解説、手で触れながら学習できる資料などが用いられている。

佐賀県立宇宙博物館　　武雄市武雄町大字永島

　佐賀藩の武雄領が、江戸末期に西洋の科学技術をいち早く受け入れる先進的な役割にあったことから、この地に宇宙を主とした科学館を1999（平成11）年に設置し、2015（平成27）年に大幅リニューアルしている。地球発見、佐賀発見、宇宙発見の3ゾーンとプラネタリウム、天文台からなり、多くの体験型常設展示と「天体観望会」「実験ショー」「サイエンス教室」「野外観察」などを開催し、「科学する心」を育て発見や創造の素晴らしさを伝え科学知識の普及を図ることを目的としている。地球発見ゾーンでは地球を構成する重力や磁力、大気などを利用した体験展示物が揃っている。「佐賀発見ゾーン」では、太古の地層から発掘された岩石や化石が展示され佐賀の自然界を学べ、地底トンネルを抜けると海や川、里山など佐賀の自然を学べる空間で、有明海に暮らすムツゴロウやワラスボなども展示されて

いる。「宇宙発見ゾーン」で宇宙飛行士訓練や月面重力を体験できる。

吉野ヶ里歴史公園　神埼郡吉野ヶ里町田手

　神埼郡の旧神埼町・旧三田川町・旧東脊振村の三つの町村にまたがったわが国最大の弥生時代の遺跡である。「クニ」の中心的な集落の全貌や弥生時代700年間の遷り変わりを知ることができ、日本の古代の歴史を解き明かす上できわめて貴重な資料や情報が集まっている。吉野ヶ里歴史公園は、1992（平成4）年に国営吉野ヶ里歴史公園として整備が決定され、2017（平成29）年現在では面積約104ヘクタールが開園している。「弥生人の声が聞こえる」をテーマに、日本の優れた文化的資産である吉野ヶ里遺跡の保存と、当時の施設の復元や発掘物の展示を通じて弥生時代を体感できる場を創出し、日本はもとより世界への情報発信の拠点とすることを目的につくられた。環壕集落ゾーンは、南内郭、展示室、倉と市、北内郭、中のムラ、南のムラ、弥生くらし館、北墳丘墓などで構成され、13（平成25）年には古代の森ゾーンが開園した。

佐賀県立名護屋城博物館　唐津市鎮西町名護屋

　豊臣秀吉の朝鮮出兵の拠点として築かれた城で、1592（文禄元）年の開戦から秀吉が死するまでの7年間、大陸侵攻の拠点となった。城の面積は約17ヘクタールあり、当時では大坂城に次ぐ規模で、名護屋城跡と23カ所の陣跡が国の特別史跡に指定されている。佐賀県立名護屋城博物館は、1993（平成5）年に名護屋城跡ならびに陣跡の保存整備事業と、文禄・慶長の役、および日本列島と朝鮮半島との長い交流の歴史を調査・研究・展示紹介し、日韓の学術・文化の交流拠点となることを目的として開館した。「日本列島と朝鮮半島との交流史」「名護屋城跡並びに陣跡」をテーマとした常設展示を中心に、朝鮮出兵の実態や名護屋の地に花開いた桃山文化の諸相を伝えている。文禄・慶長の役や名護屋城、朝鮮半島の文化、佐賀県・唐津・東松浦地域の歴史・文化などを題材としたテーマ展も開催している。

中冨記念くすり博物館　鳥栖市神辺町

　佐賀県鳥栖市田代から基山町の一帯は1599（慶長4）年に対馬藩田代領となり江戸時代中期に「田代売薬」が起こった地である。「田代売薬」の発

I　歴史の文化編　43

展は、この地区に社会・経済面で大きな蓄積を残し製薬業は佐賀県の産業の一翼を担うまでに成長した。しかし近代化の中で、くすりの製造・販売に関わってきた伝統的な道具、文書類などが散逸していることから、1995（平成7）年に久光製薬の創業145周年の記念事業として、くすりの文化遺産を通して産業文化を後世に伝えることにした。くすりと健康、命の尊さや健康への願いを学ぶ生涯学習の場として役立つことを目的に「田代売薬」の故郷の地に設立された。1階展示室では、現在のくすりに関する情報を提供するとともに、19世紀末のロンドンのアトキン薬局を移築再現し、2階展示室は「田代売薬」を中心に日本のくすりの歴史に関する資料を展示している。併設施設に薬木・薬草を400種鑑賞できる薬草園もある。

多久市郷土資料館・歴史民俗資料館・先覚者資料館

多久市北多久町

　郷土資料館は1980（昭和55）年に開館、1年後に歴史民俗資料館が併設された。続いて94（平成6）年に先覚者史料館がオープンし、3館一体となって多久の歴史と文化を伝えている。郷土資料館は自然史、考古学関係と、「多久聖廟」や学問所「東原庠舎」に関わる資料が中心になっている。歴史民俗資料館は、各種農工具、仕事着、家具類などの生活用品、および炭鉱の町として栄えた多久の歴史を伝える石炭関係の資料が展示されている。先覚者資料館では、江戸時代に多久領の学問所・東原庠舎で学んだ郷土の偉人や近世・近代に活躍した人物として、日本初の工学博士で電気学会を創設した志田林三郎をはじめ、炭鉱主の高取伊好、法学者で明治刑法を草案した鶴田皓などを紹介している。また、大塚一巳が生涯かけて収集した「廟山文庫」を保管、儒学関係の漢籍、国書は4千冊に及ぶ。

村岡総本舗　羊羹資料館　　小城市小城町

　1941（昭和16）年に建てられた煉瓦造の洋館である砂糖蔵を、株式会社村岡総本舗が84（昭和59）年に小城本店の隣に改装し羊羹資料館を開館した。砂糖は貴重であったため、蔵はしっかりと造られていた。40センチほど床を高くした防湿構造や頑丈な煉瓦造は、燃えやすい砂糖に対して防火の役割を果たしてきた。展示物は、商品に貼った紙札や慶弔用菓子の木箱、戦前に使用された小城駅での立ち入り許可書の他、製造用具（明治時代後

期のかまどと銅なべ、大正時代の蒸気窯、あんや砂糖の計り桶）は機械化前の様子を伝える。献上品製造のため、特別に目を細かくした「あんふるい」も所蔵。また、現代でも使われている道具もあり、引き継がれていく伝統伎の重さもうかがえる。羊羹ができるまでの工程もパネルで解説し抹茶と羊羹のサービスもある。

干潟交流館 なな海　鹿島市音成甲

「道の駅鹿島」の敷地内に有明海の干潟に親しむための施設として2019（平成31）年にオープンした。2階の展望デッキからは望遠鏡でムツゴロウや野鳥などを観察できる。館内では有明海特有の生物を観察できるミニ水族館、干潟水槽やタッチプールがあり、水族館のバックヤードも公開し、見て触れて楽しむことができる。この他、学習ができる交流スペースがある。ウェットスーツを着用して干潟体験もでき、シャワー室も備えている。道の駅鹿島では1985（昭和60）年から毎年6月、日本一干満差が大きい干潟を利用した運動会の「ガタリンピック・ゲーム」が開催されている。

さが水ものがたり館　佐賀市大和町大字尼寺

防災・減災、河川環境の保持、河川愛護意識の啓発を目的に、石井樋や成富兵庫茂安の治水・利水の歴史を伝えるために2005（平成17）年に設置された「河川情報拠点施設」。石井樋は元和年間（1615〜24年）につくられた取水施設で、当館は、この水の流れを復元・整備した公園内にある。館内には防災・減災に関する資料の他に、「佐賀平野と水」「成富兵庫茂安の生涯」「石井樋のすべて」をテーマにして、これらをジオラマや映像で紹介している。災害時には地域防災センターとして機能する。

笹沢左保記念館　佐賀市富士町大字小副川

1960（昭和35）年から2014（平成16）年まで活躍した作家笹沢左保が、1988（昭和63）年から7年間暮らし100作品を生み出した邸宅に、直筆原稿や初版本、執筆風景を写した写真などを保管展示した記念館。当初は日曜のみの開館であったが、定期開館するためにボランティアが協力し、書棚の整理や資料収集、直筆原稿の保管作業などを行いリニューアルオープンした。

Ⅰ　歴史の文化編　　45

名 字

〈難読名字クイズ〉
①蘭／②飯盛／③一番ヶ瀬／④合瀬／⑤皆良田／⑥執行／⑦高閑者／⑧田雑／⑨駄原／⑩苫木／⑪鳥巣／⑫仁戸田／⑬服巻／⑭馬郡／⑮満身

◆地域の特徴

　江戸時代以前、佐賀県は長崎県と合わせて肥前国だったことから、山口・田中が1位2位となっているなど、両県の名字ランキングには共通する部分が多い。3位古賀、4位松尾、5位中島は北九州に多い名字。中島は濁らない「なかしま」が多く、5位という順位は「なかじま」を合わせたものである。そして、5位という順位も全国で最も高い。

　6位の池田は、「池」と「田」というきわめて普遍的な風景に由来する名字のため、沖縄も含めて全国にまんべんなく分布している。そのため、全国順位は24位だが、とくに集中している地域はなく、佐賀県の6位という順位は全国最高。また、人口に占める割合が1%を超えているのも全国で佐賀県だけである。

　9位江口は佐賀県を代表する名字の一つ。江口とは、川（江）の河口部分を意味する名字で、佐賀平野を中心に、福岡県や長崎県あたりまで広がっている。県内では佐賀市から白石町の間に集中している。

名字ランキング（上位40位）

1	山口	11	山田	21	西村	31	山本
2	田中	12	古川	22	福田	32	内田
3	古賀	13	前田	23	野中	33	馬場
4	松尾	14	松本	24	中山	34	堤
5	中島	15	山下	25	江頭	35	大坪
6	池田	16	宮崎	26	井手	36	佐藤
7	中村	17	森	27	野口	37	原田
8	井上	18	山崎	28	野田	38	松永
9	江口	19	原	29	副島	39	渡辺
10	吉田	20	坂本	30	川崎	40	石橋

12位の古川も全国に分布する名字で、やはり佐賀県が順位・人口に占める比率ともに全国一高い。

この他では、25位江頭、29位副島、35位大坪が独特。江頭は佐賀市付近の名字で、とくに旧川副町に集中している。福岡県の久留米市や大川市にも多い。副島は全県に広く分布し、全国の副島さんの約3割が県内在住と、集中度が高い。大坪は県東部から福岡県の上陽町にかけて集中し、脇山は全国の3分の1以上が佐賀県にあり、県内では9割近くが唐津市にあるという特異な名字で、合併前の旧浜玉町では圧倒的に多く最多だった。

41位以下では、70位丸山、79位横尾、87位牟田、88位武富、97位大串、99位本村、100位脇山が特徴。

牟田はこの地域で低湿地を意味するもので、中牟田など派生する名字も多い。本村は県内ではほぼ「もとむら」。他県でも「もとむら」が圧倒的に多いが、鹿児島や東京の一部では「ほんむら」とも読む。

101位以下では、南里、陣内、草場、一ノ瀬、納富、秀島、東島、嘉村、峰松、糸山、市丸、川久保、溝上、天本、藤瀬、大隈、松隈、吉富、江里口と一挙に独特の名字が増える。

陣内は佐賀県を中心として九州北部に広がる名字で、県内では8割以上が「じんのうち」だが、周辺の熊本・福岡・長崎の各県では「じんない」が過半数。読みづらい名字の場合、ルーツの県以外では漢字本来の読み方に変化するということが多い。東島も佐賀県を中心に北九州3県ではほとんどが「ひがしじま」なのに対し、九州以外で集中している関東南部では「とうじま」と「ひがしじま」に読み方が分かれる。

● 地域による違い

佐賀市を中心とした佐賀平野一帯では、県全体と同じく、山口、田中、古賀の3つの名字が多い。その一方、旧小城町（小城市）で江里口、旧脊振村（神埼市）で広滝、旧富士町と旧三瀬村（ともに佐賀市）で嘉村が最多となっていた。白石町の島ノ江・島の江、旧久保田町（佐賀市）の蘭、旧富士町の小副川、満行、無津呂、旧脊振村の一番ヶ瀬、徳川、旧山内町（武雄市）の多久島などが独特。

地図上では福岡県に食い込む形になっている鳥栖市付近は、やはり福岡県と共通する名字が多い。平成大合併以前の6市町の一番多い名字をみると、鳥栖市が古賀、基山町が天本、上峰町が鶴田の他、みやき町のうち旧

I　歴史の文化編　　47

北茂安町が宮原、旧三根町が中島、旧中原町が大塚とばらばらだった。独特の名字には、鳥栖市の松隈、旧北茂安町の最所、旧中原町の碇などがある。基山町では長野を「ちょうの」と読むのも独特。

鹿島市付近では圧倒的に山口が多く、鹿島市の峰松や塩田町の光武などが特徴。

玄界灘に面した唐津地方は、これらの地域と名字の分布がかなり違う。合併前には13市町村もあったが、自治体によってかなり違っていた。唐津市となった旧浜玉町で脇山、旧厳木町で田久保、有田町に合併した旧西有田町で岩永が最多となっていたほか、旧鎮西町（唐津市）の裃丸、旧七山村（唐津市）の諸熊など独特の名字も多い。

● **松浦党と名字**

佐賀県北部から長崎県にかけての松浦地方には、中世に松浦党と呼ばれる海賊（水軍）の一族が繁栄した。

松浦党は嵯峨源氏の流れで、渡辺綱の孫の久が平安末期に肥前国宇野御厨の検校となって今福（長崎県松浦市）に下向し、松浦氏と名乗ったのが祖である。一族は松浦郡各地に広がって松浦党という同族集団を形成した。松浦党は大きく、宇野御厨を中心とする下松浦党、松浦荘を中心とする上松浦党、五島列島に広がった宇久党の3つがある。

のち、下松浦党の一族だった平戸松浦氏出身の松浦隆信が上下松浦党を統一し、江戸時代には平戸藩6万5000石の藩主となった。直系は「まつら」と読み、嵯峨源氏らしく名前が漢字1字の人物が多いのが特徴だ。

◆**佐賀県ならではの名字**

◎大隈

早稲田大学の創立者大隈重信は菅原氏の末裔と伝える。筑後国三潴郡大隈村（福岡県久留米市）がルーツで、戦国時代に大隈に住んで大隈氏と称したのが祖。のち肥前国に移り住み、江戸時代は佐賀藩の砲術家となっていた。現在でも佐賀県南部から福岡県南部にかけて集中している。

◎執行

職業由来の名字。寺社で実務を管掌する職を執行といい、これを世襲した家が名字とした。各地に執行氏があったが、なかでも肥前国神埼郡櫛田荘（神埼市）の執行別当職を務めた執行氏が著名。現在も佐賀県から福岡県南部にかけて多く、特に鳥栖市と久留米市に集中している。

◎松雪

　鳥栖市の名字。鳥栖市のみに全国の6割以上が集中しているという、鳥栖市独特の名字である。周辺の久留米市や福岡市にもある。鳥栖は九州では雪の降る地域で、「松に雪」という画題に因むものか。

◆佐賀県にルーツのある名字

◎鍋島

　肥前国佐嘉郡鍋島（佐賀市鍋島）がルーツで、少弐氏の一族というが不詳。戦国時代龍造寺氏に仕える。龍造寺政家の死後、直茂が実権を握り、肥前佐賀35万7,000石を実質的に支配した。関ヶ原合戦では直茂は初め西軍に属したが、のち東軍に転じ、江戸時代も引き続き佐賀藩主を務めた。

◎南里

　全国の4割弱が佐賀県にあり、佐賀市と小城市芦刈町に集中している。肥前国佐嘉郡河副荘南里名（佐賀市川副町南里）がルーツで、嵯峨源氏松浦党の一族。松浦翔の子有宗が元久2（1205）年河副荘に下向、南里名を領して、南里氏を称したのが祖という。

◎納富

　九州北部の名字。全国の半数以上が佐賀県にあり、佐賀市と小城市に集中している。ルーツは肥前国藤津郡納富（鹿島市）で平教盛の子教満の子孫という。戦国時代は龍造寺氏に仕え、納富信景は龍造寺隆信の家老を務めた。

◆珍しい名字

◎百武

　とくに珍しいというわけではないが、この名字には由来が伝わっている。戦の際にたいへん活躍した先祖が、主君から「武勇百人にまさる」として与えられたものと伝える。

〈難読名字クイズ解答〉

①あららぎ／②いさがい／③いちばんがせ／④おおせ／⑤かいらだ／⑥しぎょう／⑦たかがわ／⑧たぞう／⑨だばる／⑩ちさき／⑪とす／⑫にえだ／⑬はらまき／⑭まごおり／⑮みつみ

I　歴史の文化編　49

II

食の文化編

米／雑穀

地域の歴史的特徴

　紀元前350年頃には玄界灘沿岸の低地で稲作が開始されていたことが唐津市の菜畑遺跡の発掘などで明らかになっている。紀元前1世紀〜3世紀にかけては神崎市付近で大規模な環濠集落が造営されていたことが吉野ヶ里遺跡などの発掘で判明している。

　1871（明治4）年7月の廃藩置県で佐賀県（第1次）、蓮池県、小城県、鹿島県、唐津県、厳原県が生まれ、同年11月に厳原県の一部が長崎県となった他は合併して伊万里県になった。1872（明治5）年には伊万里県が佐賀県（第2次）と改称された。1876（明治9）年には三潴県と合併して三潴県となり、さらに三潴県の一部と長崎県が合併して長崎県になった。

　1883（明治16）年には、長崎県から佐賀県（第3次）が再び分離し、現在の佐賀県となった。県名の佐賀の音のサガについては①坂の濁音化、②砂州のスカ（州処）の音韻変化、つまり砂州を縦横に水路が走る里、の2説がある。

　佐賀平野は九州を代表する米どころの一つである。10a当たりのコメの収穫量が過去に二度、全国一に輝いている。一度目は1933（昭和8）〜35（同10）年で「佐賀段階」とよばれる。そのきっかけになったのは22（大正11）年に電気かんがいというポンプによる水の汲み上げである。水田に簡単に水が入るようになると、コメの品種改良、それに合わせた肥料の改善が行われ、生産性が向上した。

　二度目は第2次世界大戦後である。佐賀段階の栄光を取り戻そうと取り組んだのが水資源開発である。1953（昭和28）年から国営事業によって北山ダム、川上頭首工、近代的な水路網が完成した。これに伴い、栽培方法や農薬散布など基本的な農作業の基準を統一した。これによって、1965（昭和40）〜66（同41）年の2年連続で佐賀平野の米づくりは再び日本一の座についた。

コメの概況

佐賀県の総面積に占める耕地率は21.6%で、九州では鹿児島県に次いで高い。耕地面積に占める水田率は81.4%で、九州で最も高い。農業産出額に占めるコメの比率は19.1%で、これも九州で最も高い。

水稲の作付面積、収穫量の全国順位はともに24位である。収穫量の多い市町村は、①佐賀市、②白石町、③唐津市、④小城市、⑤神埼市、⑥伊万里市、⑦武雄市、⑧みやき町、⑨鹿島市、⑩嬉野市の順である。県内におけるシェアは、佐賀市24.4%、白石町12.4%、唐津市9.4%、小城市8.0%、神埼市7.8%などで、県都の佐賀市と白石町の2市町で県内収穫量の3分の1以上を占めている。

佐賀県における水稲の作付比率は、うるち米76.5%、もち米22.8%、醸造用米0.7%で、水稲の作付に占めるもち米のウエートが全国で1位である。作付面積の全国シェアをみると、うるち米は1.4%で全国順位が山口県と並んで28位、もち米は9.8%で北海道、新潟県に続いて3位、醸造用米は0.9%で24位である。

知っておきたいコメの品種

うるち米

（必須銘柄）コシヒカリ、さがびより、天使の詩、ヒノヒカリ、夢しずく
（選択銘柄）さとじまん、たんぼの夢、鍋島、にこまる、日本晴、ふくいずみ、ホシユタカ、レイホウ

うるち米の作付面積を品種別にみると、「夢しずく」（全体の28.4%）、「ヒノヒカリ」（28.3%）、「さがびより」（27.1%）が三大品種で、これら3品種が全体の83.8%を占めている。

- **夢しずく** 2000（平成12）年に、佐賀県で「キヌヒカリ」と「ひとめぼれ」の交配で生まれた。新世紀への佐賀米づくりへの夢と、朝霧にぬれる稲の新鮮なイメージを「しずく」という言葉で表現している。ヒノヒカリより10日ほど早く収穫できる早生品種である。県内産「夢しずく」の食味ランキングはAである。
- **ヒノヒカリ** 中生品種である。収穫時期は10月上旬である。

Ⅱ 食の文化編 53

- **さがびより**　佐賀県が「天使の詩」と「あいちのかおりSBL」を交配し2008（平成20）年に育成、09（同21）年に新県産米としてデビューした。2015（平成27）年産の1等米比率は68.8%だった。県内産「さがびより」の食味ランキングは2010（平成22）年産以降、特Aが続いている。
- **コシヒカリ**　県内産「コシヒカリ」の食味ランキングは特Aだった年もあるが、2016（平成28）年産はAだった。2015（平成27）年産の1等米比率は90.4%と高かった。

もち米

（必須銘柄）ヒヨクモチ

（選択銘柄）ヒデコモチ、峰の雪もち

　もち米の作付面積の品種別比率は「ヒヨクモチ」が98.8%と大宗を占め、「ヒデコモチ」（1.0%）と続く。「佐賀よかもち」もある。

醸造用米

（必須銘柄）なし

（選択銘柄）西海134号、さがの華、山田錦

　醸造用米の作付面積の品種別比率は「山田錦」が最も多く全体の69.6%を占め、「さがの華」（27.7%）、「西海134号」（2.7%）が続いている。

- **さがの華**　佐賀県が「若水」と山田錦を交配して1996（平成8）年に育成した。コメの溶解に優れ、粕が少なく、純米酒向きである。心白は大きい。
- **西海134号**　農林省（当時、現在は農研機構）が「シラヌイ」と「山田錦」を交配して1971（昭和46）年に育成した。耐倒伏性はきわめて強く、大粒で多収である。

知っておきたい雑穀

❶小麦

　小麦の作付面積、収穫量の全国順位はともに北海道、福岡県に次いで3位である。栽培品種は「シロガネコムギ」「チクゴイズミ」「ミナミノカオリ」などである。作付面積が広い市町は①佐賀市（シェア22.2%）、②小

城市（18.6％）、③白石町（13.5％）、④神埼市（12.3％）、⑤みやき町（9.0％）、⑥武雄市（6.5％）、⑦鳥栖市（4.2％）の順である。

❷二条大麦

二条大麦の作付面積の全国シェアは28.3％で1位である。収穫量のシェアは23.3％で、順位は栃木県に次いで2位である。栽培品種は「ニシノホシ」「サチホゴールデン」「白妙二条」「はるか二条」などである。県内各地で広く栽培されている。作付面積が広い市町は①佐賀市（シェア44.7％）、②白石町（10.0％）、③神埼市（8.3％）、④小城市（7.2％）、⑤みやき町（4.9％）の順で、県都である佐賀市のウエイトの高いのが目立つ。

❸はだか麦

はだか麦の作付面積、収穫量の全国順位はともに6位である。栽培品種は「イチバンボシ」「ユメサキボシ」などである。主産地は、県内における作付面積のシェア71.7％の江北町である。これにみやき町（6.5％）、白石町（4.3％）、鳥栖市（2.2％）と続いている。

❹アワ

アワの作付面積の全国順位は15位である。統計では収穫量が不詳のため、収穫量の全国順位は不明である。統計によると、佐賀県でアワを栽培しているのは嬉野市だけである。

❺そば

そばの作付面積の全国順位は40位、収穫量は39位である。産地は佐賀市、神埼市、有田町などである。栽培品種は「信濃1号」などである。

❻大豆

大豆の作付面積の全国順位は5位、収穫量は4位である。主産地は佐賀市、白石町、小城市、神崎市、みやき町などである。栽培品種は「フクユタカ」「黒大豆」などである。

❼小豆

小豆の作付面積の全国順位は25位、収穫量は岐阜県と並んで25位である。主産地は唐津市、佐賀市、武雄市、伊万里市などである。

コメ・雑穀関連施設

● **佐賀平野の水利施設**（佐賀市と周辺地域）　佐賀平野は河川の堆積作用と有明海の干拓によって形成されたため、農業用水の不足が昔から大き

Ⅱ　食の文化編　　55

な問題だった。この問題に取り組んだのが鍋島家の家老、成富兵庫茂安である。1615（元和元）年頃から、嘉瀬川本流に大井手堰や石井樋を設け、多布施川を通じて農業用水を佐賀平野東部の広大な水田に送るシステムを構築した。この結果、同地域のコメの反収が日本一を記録したこともある。

- **池ノ内湖**（武雄市）　もともとは1625（寛永2）年に武雄領内のかんがい用水として築造した小池だったが、1808（文化5）年に周囲の新田開発に伴って堤をかさ上げした。戦後も食料増産を目指してかさ上げや改修を繰り返してきた。一級河川六角川の沖積平野の肥沃な農地156haに水を供給している。佐賀県立武雄高校科学部の魚類相変化の調査は高い評価をうけている。

- **岳の棚田**（有田町）　有田町北部、国見山系の標高400～100mの農村地帯に点在する。平均勾配1/5の傾斜地に570枚の棚田が広がっている。水源は、上流域の森林からの流出水と、それらを貯えたため池である。地域の若手グループが岳信太郎棚田会を結成し、棚田オーナー制や、留学生の田植え、稲刈り体験など都市との交流に力を入れている。

- **町切用水と揚水水車**（唐津市）　江戸時代初期の1650（慶安3）年頃、唐津市相知町に松浦川の支流である厳木川から取水する町切堰を築くとともに、5kmの町切用水を開削した。用水路には揚水水車を設置して水を汲み上げ、27haの高台の畑地を水田に換えた。当時は8基の水車が稼働していた。地元の水車保存会がその一部を復元し、活用している。

コメ・雑穀の特色ある料理

- **須古寿し**　箱すし（押しずし）の一種で、有明海の新鮮な魚の切り身や野菜のみじん切りをのせる。白石町須古地区では、藩政時代から500年以上も、祭りや祝いに欠かせない家庭の味として代々受け継がれてきた。須古の領主は米の品種改良に熱心だった。これに、領民が感謝してすしをつくり、献上したのが起こりである。

- **肥前茶がゆ**（県内各地）　佐賀県の北東部に連なる脊振山地では鎌倉時代に茶の栽培が始まった。江戸末期の佐賀藩主・鍋島直正は質素な暮らしを奨励したため、武士の主食は茶がゆだった。土鍋で、コメと水、布

袋に茶の葉や粉茶を入れて煮出した茶を使った。こうした歴史から、今も高齢者を中心に、腹にもたれない茶がゆのファンがいる。漬物などとともに食べる。

- **レンコンの炊き込みご飯**（白石町） 佐賀平野や白石平野の農地は長年の干拓によって重粘土質の土壌が広がり、レンコンの一大産地を形成している。特に1922（大正11）年から栽培を開始した旧福富町を中心とした白石町のレンコンは「しろいしレンコン」として知られる。炊き込みご飯の具は、地元産のレンコンの他、豚の挽き肉、シメジ、ショウガなどである。
- **栗おこわ** 特産のクリと、モチ米のヒヨクモチを使ったおこわで、県内各地でつくられる。特に10月のおくんちの席には欠かせない。有田では、末広形の木枠で抜いたものが出される。伊万里の旧家ではおくんちの来客への土産に使われる。

コメと伝統文化の例

- **浮立**（鹿島市） 農作業の邪魔になる鬼が神社で神と戦って負ける様子を音楽と踊りで表現したものである。大太鼓を中心に、大鉦、笛、つづみなどではやしながら、華やかな装束や仮面を着けた一行が道行きする。浮立は風流の当て字と思われる。鬼面を着け、胸に太鼓を吊り下げた一行が参加する浮立は面浮立という。面浮流は鹿島市七浦を中心に、太良町、杵島郡、武雄市、多久市など県内各地に広がっている。開催日は地域によって異なる。
- **山谷浮立と、お日待ち祭り**（有田町） 山谷浮立は有田町北部の山谷で江戸時代初期の1650（慶安3）年頃から続いている伝統芸能である。渇水時の雨乞い祈願の神事が発祥とされる。夏祭りと秋祭りに集落の持ち回りで氏神様に奉納している。お日待ち祭りは五穀豊穣に感謝し、当番農家で催される。開催日は毎年11月14日夜〜15日朝。
- **大島の水かけ祭り**（神埼市） 神埼市千代田町大島地区の若者たちが豊作などを祈り、真冬の厳寒のなか、締め込み姿でクリーク（水路）の水を掛け合い、身を清める行事で、250年以上続く。その頃、疫病がはやり、英彦山（福岡県）から訪れた山伏の祈禱で静まったため、感謝を込めて始まった。1カ月後、若者たちは英彦山詣でに出掛ける。開催は毎年2

月中旬。

- **百手祭り**（神埼市）　豊作や健康など1年の運勢を1人5本の矢で3種の的を射て占う祭りである。当たったのが大的なら「良いことがある」、紙的なら「家内安全」、菱的なら「豊作になる」とされる。会場は横武地区の乙龍神社。神埼市の重要無形民俗文化財である。開催日は毎年1月の第4日曜日。
- **お粥試し**（みやき町）　「おかいさん」ともいう。2月26日におかゆを炊いて神器に盛り、箸を十文字に渡して東西南北に分け、筑前、筑後、肥前、肥後の4カ国に分け、かびの生え具合から1年間の天候や農作物の出来などを占う。724（神亀元）年に壬生春成が始めたと伝えられる。結果は、毎年3月15日に一般公開される。

こなもの

ひらひぼ汁

地域の特色

九州の北部に位置する県で、北西部は日本海に面し、南部には有明海に面して佐賀平野が広がる。北東部は筑紫山地がある。北には玄界灘が面している。東岸には唐津湾、西岸には伊万里湾を形づくっている。西部は山がちで、武雄・嬉野などの盆地がある。気候は、夏に雨が多く、冬は雨が少ない、温暖である。玄界灘は季節風が厳しい。

かつての肥前国の東半分の地域であり、江戸時代には佐賀藩と唐津藩がこの地を治めていた。江戸時代以降、水害を抑え、堤防や用水路をつくり治水に成功した。

佐賀県の県庁所在地の佐賀市は、佐賀県の南東部に位置し、筑紫平野西部の商業・行政・交通・文教の中心地であった。江戸時代は鍋島氏の城下町として栄えていた。

食の歴史と文化

佐賀県の面積は小さいが、米作りの先進地域であった。「ヒノヒカリ」「夢ずくし」などの品種を中心として栽培している。温暖な地域のため水田の裏作を行う農家もある。小麦・二条大麦の生産量も多い。温暖なため、温州みかんをはじめ、いろいろな種類のかんきつ類も栽培されている。

水はけのよい嬉野は、お茶の特産で、蒸し製と釜入りの玉露がある。嬉野茶は、室町時代中期の永享12（1440）年に、平戸を訪ねてきた中国人によって伝えられたといわれている。郷土料理には、祭りやハレの日に作る「くんち（供日）料理」に特徴がある。有明海特産のムツゴロウ（ハゼ科）を具にした「須古ずし」（押しずし）がある。小麦産地であるので、小麦団子を入れた団子汁もある。古くは、米の代わりに小麦粉を利用していた。

九州・佐賀県唐津市は古くは朝鮮半島への要地であったためか、この地

の菜畑遺跡の縄文晩期終末の地層から大麦が検出されていて、同じ遺跡の
この地層よりも上部である弥生前期初頭の地層からはソバが検出されている。

知っておきたい郷土料理

だんご・まんじゅう類

①ながだご

　厄年の祝い（厄年の厄落とし、還暦の長寿の祝いなど）、七五三などの
ハレの日に、災難に遭わないことを祈願して、神仏に供えるだんご。

　サツマイモは皮を剥いて、小さく切って蒸す。蒸したイモに小麦粉を入
れ、軟らかくなるまで捏ねる。だんごの硬さまで捏ね上げたら、手のひら
より小さめに延ばし、餡がたっぷりくっつくように、真ん中に筋を立てて、
熱湯で茹でる。茹で上がったらザルにとり、少し乾いてから小豆餡をから
める。

②米ん粉だご

　ハレの日に作る。また正月に作るものは「ときだご」、盆に作るものは「迎
えだご、送りだご」、春や秋の彼岸の作るものは「彼岸だご」、節供に作る
ものは「節句だご」という。

　「米ん粉」とは、「うるち米のくず米を洗って乾燥し、ひき臼で粉にした
もの」をいう。

　米ん粉に水を加えて、だんごを作るのに適した硬さまで練る。この生地
を一口大にちぎり、丸く、平べったい形にして茹でて、だんごを作る。こ
れに醤油や砂糖をつけて食べる。

③いもん粉だご

　生切り干しサツマイモの粉は「いもん粉」といっている。このいもの粉
をこね鉢の中で、水を加えてよく捏ね、棒状にまとめて食べやすい厚さに
切って蒸す。蒸し上がったらそのまま食べる。ご飯代わりに食べることも
ある。

　また、いもん粉だごの生地で、サツマイモを包んで蒸してから、輪切り
にして蒸す作り方もある。

　間食用として利用するだんごである。

④ふつだご

　「ふつだこ」の「ふつ」は佐賀郡地区では「ヨモギ」のことをいい、「だこ」は「だんご」のことなので、「ふつだこ」は「ヨモギ入りのだんご」（あるいは「草餅」）のことである。春の彼岸に仏壇に供え、春の間食用に利用する。仏壇に供えただんごは、おろしたら、煮しめや漬物をおかずにして食べる。

　米の粉とヨモギを捏ねて搗いて、だんごの生地を作る。この生地で小豆餡を包み、蒸したもの。

⑤かんころだこ／石垣だこ（鎮西町）

　かんころだこは、かんころ粉（生切り干しのサツマイモ）に熱湯を加えて作るだんご生地で小豆餡を包み、蒸したもの。石垣だこは、サツマイモの輪切りを餡にして、かんころ粉の生地で包み、蒸したもの。サツマイモにより表面が石垣のようになるので、石垣だこの名がある。

　かんころだこを作るときは、だんごの上下にサルトリイバラの葉を当てて蒸し、石垣だこを蒸すときは、下の面だけにサルトリイバラの葉を敷く。

⑥かんころだんご（鎮西町）

　かんころ粉と小麦粉を混ぜて水を加えて捏ねて、だんごの生地を作る。小豆のつぶ餡やソラマメ、茹でたサツマイモを潰したもの「えんどうやえいも」を餡にして包み、蒸したもの。

　雨などで田圃や畑での仕事ができない日に、作って食べる。

⑦ふくらましまんじゅう（鎮西町）

　麦飯に麹を加えて作った麦麹、小麦粉でまんじゅうの生地を作り、これで餡を包んで蒸して作る。子どもの祝いの日に作る。大ぶりのまんじゅうで、どこの家庭でも作り、子どもたちの好物である。

⑧祇園饅頭（有田町）

　8月の地域の祇園祭（8月1日は石場神社、8月2日八坂神社、8月3日は陶山神社の祭り）に作るまんじゅう。米の粉と小麦粉を混ぜ、これにごく少量の重曹を入れて生地を作り、小豆餡を生地で包み、蒸したまんじゅう。蒸すときにはサルトリイバラ（佐賀地区では「がんじゃー」）の葉を敷いて蒸す。

⑨松露饅頭

　球形のまるい可愛らしい饅頭で、小さく丸めた漉し餡にカステラ生地を

Ⅱ　食の文化編　　61

かけながら焼いたもの。美味しさだけでなく、焼きたては香ばしいところにも、格別の評価を得ている。製造元の「大原老舗」の創業は嘉永3（1850）年。「松露饅頭」は「大原老舗」の代名詞ともなっている。大原老舗の所在する唐津は、玄界灘に面し、古くから中国大陸との交通の玄関口であった。有名な唐津焼は、大陸から安土桃山時代に伝わったもの。唐津の「焼き饅頭」も、中国との文化交流の中で伝わったものである。海産物問屋を営む、あわび屋惣兵衛の妻が作る焼き饅頭の評判がよいので、惣兵衛は菓子屋へ転業し、「松露饅頭」を開発した。「松露」とは、松林に自生する球形のキノコである。惣兵衛の作った饅頭は、唐津の松林で見つかる松露に似ていることから、「松露饅頭」と名付けられたといわれている。

⑩丸芳露

元禄9（1696）年に創業した「北島」は、南蛮菓子も作っていた。明治時代に入り、新しい味を求める客に応えるために開発したのが「丸芳露」であった。南蛮菓子からボーロ風の菓子に仕立てたものである。

お焼き・焼きおやつ・お好み焼き・たこ焼き類

①ぐずぐず焼き

小麦粉に水を加えて、どろどろの生地にする。これを鍋やフライパンで薄焼きに仕上げる。黒砂糖を挟んで食べる。筑後川河口地域では、間食に用意する。

めんの郷土料理

①なま皮うどん（佐賀市）

小麦粉を水で捏ねて、ぬれ布巾をしばらくかぶせてねかせてから、食塩水を入れて練り上げる。細く切って煮込みうどんやつけめんにする。

②ひらひぼ

小麦粉のうどんの生地を短冊に切り、熱湯で湯がき、みそ汁に入れる。

③ろくべえ（太良町）

サツマイモの粉で作る麺で、茹で上げたら、醤油味のだし汁をかける。

▶ ハウスミカンの生産量は日本一

くだもの

地勢と気候

　佐賀県は九州の北西部に位置する。東は福岡県、西は長崎県に接し、北は玄界灘、南は有明海に面している。県北東部から中央部にかけて脊振山系と天山山系、南西部には多良山系がある。これらの山系から嘉瀬川、六角川、松浦川などが有明海や玄界灘に注いでいる。南部の大部分を占める佐賀平野と白石平野は自然排水の困難な低い平地が多い。

　降水量は、脊振山系、天山山系、多良山系、西部の国見山周辺の山間部で多い。玄界灘沿岸や佐賀平野などの降水量は山間部の4分の3程度である。年平均気温は16℃前後の地域が多く、気候は全般に温和である。

知っておきたい果物

ミカン　ミカンの栽培面積、収穫量の全国順位はともに6位である。栽培品種は「上野早生」「宮川早生」「大津4号」「興津早生」などである。主産地は唐津市、太良町、鹿島市、佐賀市などである。

　「ハウスミカン」は唐津市を中心に栽培されている。1986（昭和61）年以降、佐賀県におけるハウスミカンの生産量は全国一が続いている。2014（平成26）年度は全国の生産量の32％を占めている。露地ミカンについては、糖度12度以上など一定の品質基準を満たしたミカンをJAさがが統一ブランド「さが美人」として出荷している。出荷時期はハウスミカンが4月中旬～10月下旬、極早生ミカンが9月下旬～10月下旬、早生ミカンが11月上旬～12月下旬、普通ミカンが12月上旬～3月下旬頃である。

　佐賀市などの「あんみつ姫」は、マルチ栽培技術で栽培された温州ミカンのうち糖度などで選別されたものを貯蔵施設で約2か月熟成させ、さらに糖度を高めて12月～3月頃に出荷する蔵出しミカンである。

スダチ　スダチの栽培面積の全国順位は、徳島県、高知県に次いで3位である。収穫量の全国順位は、徳島県に次いで2位である。

Ⅱ　食の文化編　　63

主産地は唐津市、鳥栖市、基山町などである。

イチゴ　イチゴの栽培面積の全国順位は 8 位、収穫量は 7 位である。イチゴはほとんどの市町で栽培しているが、主産地は唐津市、白石町、佐賀市、小城市などである。

栽培品種の 97% が「さがほのか」である。「さがほのか」は、「とよのか」と、果実の大きい「大錦」を交配して、佐賀県が独自に開発し、2001（平成 13）年に登録した。出荷時期は 11 月中旬〜 6 月下旬頃である。

レモン　レモンの栽培面積、収穫量の全国順位はともに 6 位である。主産地は唐津市、多久市、鹿島市などである。

キウイ　キウイの栽培面積、収穫量の全国順位はともに 7 位である。栽培品種は「ヘイワード」「ゼスプリゴールド」などである。主産地は唐津市、太良町、伊万里市などである。出荷時期は「ゼスプリゴールド」が 11 月上旬〜 12 月下旬、「ヘイワード」が 12 月上旬〜 3 月下旬頃である。

ギンナン　ギンナンの栽培面積の全国順位は 27 位、収穫量は 10 位である。主産地は嬉野市、鹿島市、小城市などである。出荷時期は 9 月中旬〜 10 月中旬頃である。

ナツミカン　ナツミカンの栽培面積の全国順位は 16 位、収穫量は 11 位である。主産地は鹿島市、太良町などである。

ネーブルオレンジ　ネーブルオレンジの栽培面積、収穫量の全国順位はともに 12 位である。主産地は唐津市、佐賀市などである。

ビワ　ビワの栽培面積、収穫量の全国順位はともに 12 位である。栽培品種は「茂木」などである。主産地は多久市、小城市などである。出荷時期は 6 月頃である。

ポンカン　ポンカンの栽培面積の全国順位は 11 位、収穫量は 13 位である。主産地は鹿島市、小城市、太良町などである。

日本ナシ　日本ナシの栽培面積の全国順位は 13 位、収穫量は 16 位である。主産地は伊万里市が断トツである。伊万里市以外では、唐津、小城市などの生産が比較的多い。栽培品種は「幸水」などである。ハウスやトンネル栽培が進んでおり、ハウスナシの生産量は 2,655 トン（2014 年度）で全国で最も多い。出荷時期は 6 月中旬〜 11 月下旬頃である。

「焼き物とフルーツの里」伊万里市のナシ畑は水はけの良い傾斜地に開かれている。同市は西日本最大級の生産地である。栽培品種は「幸水」「豊水」「新高」などである。同市産のナシは「伊万里梨」として地域ブランドに登録されている。伊万里梨は100年の歴史があり、古伊万里で名高い焼き物の里で、畑の土づくりにもこだわって生産されている。

ハッサク　ハッサクの栽培面積の全国順位は21位、収穫量は16位である。主産地は佐賀市、上峰町などである。

ユズ　ユズの栽培面積の全国順位は31位、収穫量は25位である。主産地は小城市、多久市などである。

ブドウ　ブドウの栽培面積の全国順位は長崎県と並んで29位である。収穫量の全国順位は35位である。栽培品種は9割近くが「巨峰」である。主産地は伊万里地区、杵島・藤津地区である。出荷時期は6月～9月頃である。

リンゴ　リンゴの栽培面積の全国順位は静岡県と並んで31位である。収穫量の全国順位は愛媛県と並んで29位である。

カキ　カキの栽培面積の全国順位は35位、収穫量は36位である。栽培品種は「刀根早生」「富有」「松本早生富有」などである。主産地は武雄市などである。九州を中心に出荷しており、出荷時期は9月中旬～11月下旬頃である。

イチジク　イチジクの栽培面積の全国順位は38位、収穫量は36位である。主産地は唐津市、佐賀市などである。

ブルーベリー　ブルーベリーの栽培面積の全国順位は44位、収穫量は40位である。主産地は佐賀市などである。

レイコウ　漢字では麗紅と書く。レイコウの栽培面積、収穫量の全国順位はともに1位である。収穫量の全国シェアは71.2％である。主産地は唐津市、伊万里市などである。

ツノカガヤキ　ツノカガヤキの栽培面積の全国順位は4位である。収穫量の全国順位は2位で、全国シェアは30.9％である。主産地は唐津市、佐賀市などである。

マーコット　マーコットの栽培面積の全国順位は長崎県と並んで3位である。収穫量の全国順位は1位で、全国シェアは51.9％である。主産地は唐津市などである。

セトカ　セトカの栽培面積の全国順位は長崎県と並んで3位である。収穫量の全国順位は2位である。主産地は唐津市、佐賀市、鹿島市などである。出荷時期はハウスものが1月上旬〜2月中旬、露地ものが2月中旬〜3月下旬頃である。

伊予カン　伊予カンの栽培面積の全国順位は6位、収穫量は3位である。主産地は太良町、鹿島市、唐津市などである。

キンカン　キンカンの栽培面積の全国順位は5位、収穫量は4位である。栽培品種は「寧波」などである。主産地は佐賀市、有田町、伊万里市などである。ハウス栽培が中心で、出荷時期は1月上旬〜2月下旬頃である。

アマクサ　アマクサの栽培面積の全国順位は7位、収穫量は5位である。主産地は唐津市などである。

キシュウミカン　キシュウミカンの栽培面積の全国順位は6位、収穫量は5位である。主産地は佐賀市、小城市などである。

不知火　不知火の栽培面積、収穫量の全国順位はともに5位である。主産地は唐津市、鹿島市、太良町などである。出荷時期は11月〜4月頃である。

ナツミ　ナツミの栽培面積の全国順位は5位、収穫量は6位である。主産地は太良町、鹿島市、唐津市などである。

ハレヒメ　ハレヒメの栽培面積の全国順位は徳島県と並んで7位である。収穫量の全国順位は9位である。主産地は太良町などである。

ハルカ　ハルカの栽培面積の全国順位は12位、収穫量は8位である。主産地は鹿島市などである。

ハルミ　ハルミの栽培面積の全国順位は10位、収穫量は12位である。主産地は多久市、佐賀市などである。

地元が提案する食べ方と加工品の例

果物の食べ方

梅としらすの炊き込みご飯（JA さが）

4人分の場合、米3合を3カップと1/4カップの水に15～20分浸し、シラス50g、梅干し大6個、しそ漬け少々を散らして炊く。

豚肉とみぞれキウイ（JA さが）

フライパンを火にかけて油をしき、豚肩ロース肉に塩、コショウをかけ、色目が付くまでこんがり焼く。皿に移して、キウイをすりおろし、おろし大根と3対7の割合でかける。

ササミ梅の春巻き揚げ（JA さが）

春巻きの上に鶏ササミを置き、その上に梅干しの果肉を平たくのせて巻く。春巻きの先端を水で濡らして止め、油で揚げる。切って皿に盛り、レモンを添える。

キンカンとカブの酢の物（JA さが）

キンカンは種を取り除いて輪切りに。カブは皮をむき、半月切りにし塩をまぶして5～10分置いて水気を絞る。これらに、刻み昆布、酢、砂糖を加えて混ぜ、味をなじませる。

デコっとパフェ（JA さが）

ワイングラスにチョコレートフレークと角切りしたカステラを入れ、一口サイズに切ったデコポンの半量を加えて上にアイスクリームをのせる。最後に残りのデコポンとイチゴをのせる。

果物加工品

- ミカンシャーベット
- みかん餅

消費者向け取り組み

- フルーツ観光農園　道の駅・伊万里ふるさと村
- 伊万里梅まつり　伊万里梅まつり実行委員会

Ⅱ　食の文化編　　67

魚 食

地域の特性

有明海は、佐賀・福岡・長崎・熊本の4県に囲まれた内湾性の海で、湾奥には干満の差の大きいところもある。この海域には、嘉瀬川・矢部川・白川などの河川が注ぎ、干潟の生物に必要な栄養分を運んでくる。大きな干潟には、多種多様の生物が生息している。この干潟特有の生物として、ハゼ科のムツゴロウ、ナタマメガイ科のアゲマキなど珍しい魚介類が生息している。日本海の南西の端に位置する玄海灘は、冬は北西の季節風により海洋は荒くなる。この荒波に生息する魚介類も日本人の味覚を満足させる。マアジ、カタクチイワシ、アマダイなどの魚類が生息している。玄界灘に浮かぶ壱岐の島の周りは、リアス式海岸で、磯魚が豊富に生息している。

魚食の歴史と文化

有明海は、干満の差が大きく、広い潟には個性豊かなムツゴロウ・ウミタケ・ワラスなどが生息している。佐賀県ではこれらの魚の料理を珍味としている料理店もある。白石地方の祭りの食べ物である「須古寿司」は、ムツゴロウを使った江戸時代からの伝統料理で、現在も受け継がれている家庭の家庭料理である。

知っておきたい伝統食品・郷土料理

地域の魚介類

佐賀県の魚介類には、五島列島や玄界灘で漁獲されるケンサキイカ・アオリイカ・ニベ類・エソ類・クチゾコ・トビウオ・タチウオ・イトヨリダイ・クエ・マサバ・アラ・オニオコゼ・ヒラマサがある。岩礁域には、ガザミ・ムラサキウニ・エゴノリなどがある。トラフグやハモも獲れる。ここで漁獲されたハモは、大阪のハモ蒲鉾の原料となっている。

広い干潟には、ハゼ科のムツゴロウ、アゲマキガイ（ナタマメガイ科）、シオマネキ（スナガニ科）、ワラスボ（スズキ目）、アカシタビラメ、エツ、ヒラ（ニシン科）、コイチ（ニベ科）、ベイカが生息する。また、ワタリガニも獲れ、雄ガニは秋から冬、雌ガニは冬から春にかけて旬。

伝統食品・郷土料理

①海苔
- 浅草海苔　全国で生産される浅草海苔のほぼ半数は、有明海で養殖したもので、佐賀県が全国一の生産量をもっている。すでに「有明海苔」のブランドで流通している。10月に海苔網に胞子をつける採苗が行われ、11〜3月にかけて摘み取りが行われる。その年の最初に水揚げされる一番海苔は柔らかい。

②すし類
- 須古寿し　ムツゴロウを使った押しずし。白石地区に伝わる祭りや祝いの日に作る。江戸時代に、領主の愛護に応えた領民が、感謝の心をこめて「押し寿司」を作って献上したのが始まりと伝えられている。

③トビウオ料理
- あご干し　アゴとはトビウオのこと。正月の雑煮などの出しの原料として使われているのは、山陰地方から九州の佐賀・長崎・熊本あたりで使われている。平戸一帯では、秋から冬にかけてアゴ漁が盛んになる。この季節はアゴを乾燥するのによい風が吹く。これをアゴ風という。

④マダイ料理
- マダイの料理　活き造り、カブト煮など。唐津おくんち祭りの直会料理には欠かせない。

⑤イセエビ料理
- イセエビ料理　活き造り、天ぷら。唐津おくんち祭りの直会料理には欠かせない。

⑥イトヨリ料理
- 照り焼き　三枚におろして照り焼きにしてから虹のようにまげて、ボウフを添えて賞味する。

⑦イカ料理
- 呼子のイカ　アオリイカやケンサキイカの活き造り。

⑧焼きがき

● 焼きがき　11～3月にはカキを焼いた「焼きがき」料理をつくり、同時にワタリガニも焼いて食べるのがこの地域の食べ方である。

⑨川魚料理

● フナの昆布巻き　佐賀平野で獲れるフナを丸のまま昆布で巻いて、大根と一緒に骨がやわらかくなるまで一昼夜煮込んだ郷土料理で「ふなこんぐい」とよばれる。

⑩その他（有明の魚介類）

● 有明海の魚介類の旬　アゲマキ・メカジキは4～9月、ワラスボ・ホウジャ・ウミタケ・タイラギは5～6月。

● タイラギ　刺身は、生醤油にダイダイを絞ったものを付けて食べる。ウミタケは「酢ぬた」にして食べる。

● ウミタケ　甘みのある粕に漬けたもの。

● メカジャ　酒と醤油で薄味に煮あげる。

● アゲマキ・ホウジャ　澄まし汁につかう。

● シオマネキ・ガン　小カニを殻ごとすり鉢でつぶして、塩と赤トウガラシを加えた「がん漬け」（佐賀の名物）。

肉 食

佐賀シシリアンライス

▼佐賀市の1世帯当たりの食肉購入量の変化 (g)

年度	生鮮肉	牛肉	豚肉	鶏肉	その他の肉
2001	40,388	10,430	12,857	13,256	1,722
2006	44,511	10,104	14,268	14,336	2,340
2011	50,880	8,560	19,148	18,423	1,947

　佐賀県は、九州の北西に位置し、玄界灘と有明海に挟まれた小さな面積の県である。昔からコメ作りが盛んであった。自然環境に恵まれたところで、ウシもブタもストレスなく飼育されている。農業では果実、漁業では海面養殖の比重は大きい。佐賀のかんきつ類、佐賀海苔の品質のよさは評価されている。

　佐賀県は明治10年代から乳用牛の飼育を始めている。現在は、佐賀県の雄大な自然を活かし、畜産農家は美味しい食用肉をもつ家畜の飼育を計画し、佐賀県の銘柄牛や銘柄豚を生産している。食用牛の品評会では、銘柄牛の「佐賀牛」は、高い評価を得ている。

　2001年度、2006年度、2011年度の「家計調査」(総理府)から、佐賀市の食肉の購入量を考察してみる。2001年度、2006年度の生鮮肉の購入量は九州地方の全体の1世帯当たりに比べれば少ないが、2011年度の佐賀市の購入量は九州地方の全体の1世帯当たりに比べれば約5kgも多い。2011年度の牛肉や豚肉の購入量も九州地方の全体の1世帯当たりより多くなっている。

　牛肉の2001年度、2006年度、2011年度の購入量が徐々に減少しているのは、肉用家畜・家禽の感染症の発症が関係していると思われる。それでも、この年間の豚肉や鶏肉の購入量の増加は1kg弱であった。

　生鮮肉の購入量に対する各食肉の購入量の割合を算出すると、牛肉については2001年度は25.8%であったのが2011年度には16.8%に減少している。すなわち、生鮮肉の購入量は50,880gと多いけれども、牛肉の購入量が少ないのは2010年頃の家畜・家禽の感染症の関係も考えられる。2001年度

凡例　生鮮肉、牛肉、豚肉、鶏肉の購入量の出所は総理府発行の「家計調査」による

〜2011年度の豚肉や鶏肉の購入量は生鮮肉の購入量の30〜37%で、他の地方と大差がない。

知っておきたい牛肉と郷土料理

銘柄牛の種類

❶佐賀牛

生産者は佐賀県農業協同組合。品種は黒毛和種。佐賀牛の販売開始は1984（昭和59）年であり、2000（平成12）年に、商標登録が承認されている。銘柄牛は比較的新しく誕生したのが多いが、佐賀牛は30年前と比較的古い。

佐賀の恵まれた自然環境で、気候・風土もよいところで独自の飼育方法で丹念に肥育している。甘味と風味がたっぷりの肉質である。

「JA さが」管内の肥育農家で飼育される黒毛和種の和牛のうち、日本食肉協会の格付けにより、枝肉の肉質等級が「A-5、-4」、または「B-5、-4」のものだけが佐賀牛として取引される。佐賀牛は、但馬牛の血統を受け継いでいて、独自の配合飼料や飼育法により、佐賀県の豊かな自然環境のなかで丁寧に飼育され、出荷は生後30か月を目安としている。肉質の特徴は、きめが細かく、美しい霜降りを形成している。佐賀牛の場合、霜降りのよいことを「艶さし」とよんでいる。

❷佐賀産和牛

黒毛和牛種の和牛がJA グループ佐賀管内肥育農家で飼育され、枝肉の肉質の格付けが「4」「3」「2」等級で、牛脂肪交雑の基準「BMS」がNo.6〜 No.2の場合に、許される呼び名である。

❸佐賀交雑種牛

ホルスタイン種（♀）と黒毛和種（♂）の交雑種で、JA グループ佐賀管内肥育農家で飼育された場合にのみ、この呼び名が許されている。

❹伊万里牛

JA 伊万里管轄域の「佐賀牛」および「佐賀産和牛」は、伊万里牛という通称がある。

牛肉料理

- **佐賀牛の鉄板焼き**　佐賀牛の格付け「A-5」のステーキが評判の店が好評で、地元の人々のお薦め料理である。
- **伊万里牛のハンバーグ**　伊万里市内にある洋食店を中心に、それぞれが独自のレシピと盛り方で、美味しい伊万里ハンバーグを提供している。1963（昭和38）年から伊万里ハンバーグを提供している店もある。
- **その他**　洋食の店、和食の店のいずれも佐賀県の銘柄牛の料理を提供している店が多い。なかでもステーキ、焼肉を提供している店が目立つ。地産地消を目指して料理を提供している店は、佐賀の銘柄牛の生産者からリーズナブルな価格で購入しているので、高級牛肉もリーズナブルの価格で客に提供している店も多い。

知っておきたい豚肉と郷土料理

銘柄豚の種類

❶佐賀・鳥栖のさくらポーク

　肥前さくらポークともいう。生産者は佐賀県経済農業協同組合。品種は（ランドレース×大ヨークシャー）×デュロック。限定農家だけが飼育。肉質に縮がなく、きめ細かい肉質が特長である。飼育の特徴は、成長に合わせて飼料の材料や配合を変え、病気に対する抵抗性のある健康で肉質や脂質の食味の向上を図って飼育している。品種は大ヨークシャー種とデュロック種の交配種で、衛生的管理を十分に行い安全・安心な肉質のブタに肥育している。

❷金星佐賀豚

　永渕畜産が有明海を見下ろす多良岳山系の中腹で飼育しているブタ。金星の名は、以前は、この飼育しているエリアは黒星といわれていたことから「星」の名をつけたという。肉質の特徴は、きめ細かく、豚肉のもつうま味が口腔内に広がる。

❸若楠ポーク

　佐賀県・武雄地区限定の銘柄豚である。武雄市の農家だけが生産する地域ブランドのブタ。武雄の豊かな自然に広がる山の裾野の豚舎で、清らか

な水と抗生物質などを使わない安全な飼料で、丁寧に肥育している。肉質の特徴は、豚肉特有の臭みがなくきめ細かい。

豚肉料理

- **若楠ポークのがばい丼**　食べやすい大きさの豚肉の照り焼きをのせた武雄地区の名物丼。
- **しゃおまい（焼麦）弁当**　鳥栖駅の駅弁、中央軒が作る。豚肉の旨みが詰まったシュウマイと、大正時代から続くかしわ飯が同時に味わえるお得な弁当。シュウマイには酢醤油が付いている。地域のお薦めの食べ方は軽く塩・コショウをして焼き、レモン汁、ワサビ、からしなどをつけて食べる方法。豚肉のしつこさがあっさりした食感で賞味できる。ヒレ肉、ロースのステーキは人気の料理である。
- **その他の料理**　トンカツ、しゃぶしゃぶ、串焼き、炒め物などの、よく知られている料理のほか、「JAさが」は豚肉の普及のためのレシピは、ホームページで紹介している。

知っておきたい鶏肉と郷土料理

❶みつせ鶏

㈱ヨコオが飼育している銘柄鶏。品種はフランスの地鶏の系譜をもつレッドブロ。独自の飼料を与えて、北部九州の自然環境の中で、80日間飼育している。肉質は弾力性と深い味わいがある。

❷佐賀県産若鶏骨太有明鶏

佐賀県内のJAブロイラーが抗生物質を含まない飼料で、佐賀県の各地で飼育している。品種は白色コーニッシュ（♂）と白色プリマスロック♀）の交配種。関東、中部地区にも出荷している。

- **佐賀県のおすすめ鶏料理**　よく知られている料理には串焼き、から揚げ、照り焼きなどがある。主な地鶏料理としてはユッケ、胸肉の刺身、カルパッチョ、レバ刺し、ズリ（砂肝）刺しなど。

知っておきたいその他の肉と郷土料理・ジビエ料理

- **松浦漬**　蕪骨の酒粕漬け。お土産用に缶詰もある。缶には古式捕鯨の様子が描かれている。歯切れが良く、酒の肴によい。佐賀県の名産品、玄

界灘は江戸時代からセミクジラやマッコウクジラ、シロナガスクジラの捕鯨が盛ん。

- **炒り焼き**　晴れの日につくる郷土料理。鶏肉、ニンジン、ごぼう、しいたけ、じゃがいも、こんにゃくを炒め、だし汁を加えて煮る。

佐賀県のジビエ料理（イノシシ）

佐賀県も野生の鳥獣類による被害を防御する対策を考えている。野生のイノシシが多く棲息しているので、県として生息数調整のために捕獲をすすめている。捕獲したイノシシは県内のレストランでジビエ料理の提供を依頼している。

佐賀県は魚介類も豊富なので、魚介類との組み合わせを考えているレストランもあるようである。

- **イノシシ料理**　唐津市の山中で捕獲するイノシシは、イベリコ豚より美味しい肉であることを確認した地元の料理店が、ジビエ料理の店として好評である。
- **鴨料理**　七山で捕獲したマガモは、地元の料理店では鴨料理として提供している。

Ⅱ　食の文化編　75

地 鶏

▼佐賀市の1世帯当たり年間鶏肉・鶏卵購入量

種 類	生鮮肉 (g)	鶏肉 (g)	やきとり (円)	鶏卵 (g)
2000年	46,199	14,189	1,007	34,585
2005年	44,882	15,084	1,525	32,833
2010年	49,814	17,630	1,233	25,199

　佐賀県の農業では温州みかんの生産がさかんである。甘味の濃い温州みかんが人気である。佐賀平野を中心にヒノヒカリや夢しずくなどの米が栽培されている。漁業は有明海の海苔の養殖が、東京湾に替わって盛んになっている。畜産関係のブランドものでは佐賀牛、ありたどり、たら名水豚がある。佐賀牛はJAグループ佐賀管内の肥育牛農家で育てられた黒毛和種。ありたどりは、植物性の原料で飼育した銘柄鶏。たら名水豚は佐賀県の多良岳水源の清涼な地下水を与えて飼育している豚。

　銘柄地鶏は有田赤絵鶏・ありたどり（生産者；有田食鳥生産組合）、みつせ鶏（生産者：ヨコオ）、佐賀県産若鶏、骨太有明鶏、麓どりなどがある。

　鶏肉料理には福岡と同じく「がめ煮」がある。

　生鮮肉、鶏肉の購入量は、九州圏以外の他の地域に比べれば多い。2000年、2005年、2010年の生鮮肉の購入量は、2005年に減少している。鶏肉の購入量は2000年より2005年、2005年より2010年が増加している。やきとりの購入金額は2005年に増えている。鶏卵の購入量は、2000年より2005年の購入量が少なく、2010年の購入量は2005年より増えている。

知っておきたい鶏肉、卵を使った料理

- **かしわうどん**　鳥栖市が発祥の地といわれている。砂糖と醤油で甘辛く煮た細切りの鶏肉がうどんの上に載る。鳥栖駅の立ち食いのうどん屋で開発されたようだ。今、かしわうどんは九州北部で普通に提供される。鳥栖では、「かしわ抜き」と言わない限りうどんには"かしわ"が載ってくる。

- **阿つ焼き**　呼子で100年以上食べられている伝統料理。呼子で採れた新鮮なエソや鯛と、地元の卵を原料としてふんわりと焼いた"海のカステラ"風かまぼこ。そのままでも美味しいが、お吸い物に入れてもよい。

- **シシリアンライス**　温かいご飯の上に、生野菜と甘辛く炒めた肉を載せ、マヨネーズを掛けた、人気のご当地グルメ。佐賀市の喫茶店から始まったといわれている。一皿で、焼肉とご飯、サラダも食べられ、バランスが良いと、家庭でも人気。お店や各家庭でマヨネーズをドレッシングに代えたり、トッピングに温泉卵を使うなど異なる。

- **唐津エッグバーガー**　唐津名物のハンバーガー。唐津バーガー自慢のパテとふんわり焼いた玉子焼きが入ったバーガー。内面を焼いたバンズと、シャキシャキのレタス、ボリュームのあるパテ、ふわふら玉子とソースが合う。包装紙には豊臣秀吉の家臣が築城した唐津城と、日本三大松原の虹ノ松原の絵が描かれている。

卵を使った菓子

- **丸ぼうろ（芳露、房露）**　佐賀を代表する銘菓。備前の御用菓子屋が、ポルトガルの船乗りの保存食を日本人に合うように改良した南蛮菓子。小麦粉、鶏卵、砂糖を主原料とする焼き菓子で、やわらかくざっくりした口溶けの良い美味しさが特徴。"ぼうろ"の名は、ポルトガル語の"玉"、"団子"を意味する"Bolo"に由来するといわれている。長崎から佐賀を経由して京や江戸に砂糖を運んだ長崎街道は別名シュガーロードとよばれ、街道沿いには砂糖を使った銘菓が多く作られている。丸ぼうろをスープ皿に入れて牛乳をかけてレンジで加熱すると、ふっくらしたプディング風に変身しこちらも美味しい。

- **松露饅頭**　唐津の銘菓。球形の丸い可愛らしいカステラ饅頭で、小さく丸めた漉し餡に、小麦粉、砂糖、卵で作った生地を掛けながら焼いた焼き菓子。1850（嘉永3）年創業の「大原老舗」が製造する。焼きたては特に美味しく格別の評価を得ている。玄界灘に面した唐津は、古くから中国大陸との交通の玄関口であり、"松露饅頭"の原型の"焼き饅頭"も、豊臣秀吉の朝鮮出兵後、中国大陸から伝わったといわれている。松露とは、松林に自生する球形のきのこのこと。唐津には日本三大松原の虹ノ松原がある。丸く可愛らしい形が似ているので"松露饅頭"となった。

II　食の文化編　　77

銘柄鶏

- **ありたどり**　体重：雄平均3,300g、雌平均2,900g。植物主体の原料と、昆布の乳酸醗酵抽出物を添加した独自の専用飼料で美味しい鶏肉に仕上げた。平飼いで飼養期間は平均50日。白色コーニッシュの雄に白色プリマスロックの雌を交配。有田食鳥生産組合が生産する。

- **佐賀県産若鶏　骨太有明鶏**　体重：雄平均2,900g、雌平均2,900g。抗菌性物質を含まない飼料ですべての飼育期間を飼育。専用飼料にはカルシウム源として有明海の"牡蠣がら"を加えて、平飼いで飼養期間は平均52日。白色コーニッシュの雄に白色プリマスロックの雌を交配。JAフーズさがが生産する。

- **みつせ鶏**　体重：雄平均2,750g、雌平均2,750g。植物性原料主体の専用飼料の給与により、肉質はほど良い弾力があり、深い味わいと風味をもつ。自然豊かな北部九州の山間部で80日飼育する。美食の国、フランスの赤どりレッドロブを交配。ヨコオが生産する。

- **麓どり**　体重：雄平均2,750g、雌平均2,750g。美食の国、フランスの赤どりカラーイールドの雄に同じくレッドブロの雌を交配し、赤どりらしいやわらかくきめの細かい肉質に仕上げた。植物性原料主体の専用配合飼料の給与により風味と旨味をもつ。昔ながらの自然豊かな佐賀の里山で飼育。飼養期間は60日。ヨコオが生産する。

たまご

- **自然卵　朝のたまご**　ケージではなく平飼いで育てた鶏が産んだ卵。新鮮な空気と新鮮な水、安全な食べ物、のびのびとした快適な環境で健康な鶏に。飼料の原料はその80％が佐賀県産。森の農楽舎が生産する。

県鳥

カササギ、鵲（カラス科） 留鳥。英名は Magpie。名前の由来は、背中が黒くてカラスのようで、腹が白くてサギのようなので "カラスサギ" とよんだものが省略されて "カササギ" になったという説と、"カシャッ" という鳴き声、または、騒がしい "さわぎ" が転じたという説、朝鮮語に由来するという説など諸説ある。朝鮮へ出兵した豊臣秀吉が持ち帰ったこの鳥が、"カッ（勝つ）、カッ（勝つ）" 鳴いたことに由来し、佐賀では "勝ちガラス" ともよばれる。佐賀平野を中心に棲息している。

汁　物

汁物と地域の食文化

　九州の中では、コメや野菜類の生産地としての平野を比較的多く有している。佐賀県の気候風土と地理的条件は、農業の発達を可能にする条件が十分に備わっているので、コメ（ヒノヒカリ）、小麦、二条大麦、大豆の生産が多い。ハウス栽培の温州ミカンの生産量も多い。

　北の玄界灘と南の有明海に挟まれた小さな県で、冬には北西からの強い季節風により寒さが厳しい。寒中に体を温めるために雑炊を作る。これを「ずらし」という。かつお節のだし汁と味噌仕立てが基本的な素朴なものである。鶏肉や豚肉、野菜を加える場合もある。

　伊万里地方に伝わる精進料理の「おくんち（御九日）にごみ」は、9月9日に行われる祭に作る、汁粉のような煮込み料理。ダイコン、ニンジン、レンコン、小豆、小イモ、コンニャク、クリに砂糖をたっぷり入れて煮たものである。精進の必要のない時は、川魚、その他の魚介類を入れる。

　唐津市の天山神社の「広瀬浮立」といわれる、江戸時代中期から行われている元気な男衆が演技する祭には、男衆に元気をもたせるために「どじょう汁」を食べさせる。ドジョウのダシにナス、ミズイモ、素麺を入れた汁である。

汁物の種類と特色

　玄界灘や有明海に棲息する魚介類、数少ない伝統野菜は、佐賀県の郷土料理をつくりあげている。有明海の干潮時に現れる泥質の海岸でみかけるムツゴロウの押しずしは、「須古寿司」という郷土料理で、祭などのハレの日につくる。伝統野菜の佐賀青縞ウリは、農家では古くから保存食の粕漬けとしている。春には、荒波砕ける玄海灘につながる唐津湾に注ぐ5本の川には、シラウオ科のアリアケシラウオが遡上してくる。かき揚げや踊り食いの他に、汁物には「白魚の吸物」がある。

佐賀に古くから伝わる「だご汁」や「茶粥」（備前茶粥）は、突然の客のもてなし料理でもある。「だご汁」は福岡県の郷土料理にもある。集まりのある時に用意したのが具だくさんの「のっぺい汁」である。祝いの日には特別、鶏肉を加えることもあった。ジャガイモを擦りおろして作ったジャガイモでんぷんと小麦粉で作った団子を醤油仕立ての汁物にした「せんだご汁」、そば粉で作った団子の醤油仕立ての汁物「まがんこだご汁」などもある。

　いろいろな残り物の野菜を無駄をしないように細かく切って、だし汁で煮込み、薄味の醤油仕立ての汁物の「だぶ」や、「佐賀いも汁」「海藻汁」、野菜と小麦粉の団子を入れた水団のような「うったち汁」などもある。イセエビを油で炒め水を加えて煮てから麦味噌を入れる「イセエビの味噌汁」がある。

食塩・醤油・味噌の特徴

❶食塩の特徴

　かつては、玄界灘のリアス式海岸を利用した小規模な塩づくりが行われた。

❷醤油の特徴

　伝統の自然熟成の濃口醤油を醸造し、さらに、時代のニーズに合わせただし醤油、麺つゆもつくっている。「佐賀むらさき濃口」「有明紀行」の地域ブランド醤油もある。

❸味噌の特徴

　伝統の技術を守り、甘口の米味噌の醸造が多い。

1992年度・2012年度の食塩・醤油・味噌の購入量

▼佐賀市の1世帯当たり食塩・醤油・味噌購入量（1992年度・2012年度）

年度	食塩（g）	醤油（mℓ）	味噌（g）
1992	3,893	15,347	9,795
2012	2,356	7,321	6,028

▼上記の1992年度購入量に対する 2012年度購入量の割合（%）

食塩	醤油	味噌
60.5	47.7	61.5

　佐賀市の1世帯当たりの2012年度の醤油購入量が最も多いが、1992年度の購入量に比べると47.7％で、20年間で50％未満の購入量に減った。この理由は、醤油を使った煮物や澄まし汁などを作らなくなったこと、めん類は麺つゆやだし醤油を使う機会が増えたことなどが考えられる。外食の機会が多くなり、調理済みの惣菜の利用が多くなったことも、醤油の利用が減少した要因とも考えられる。

　生活習慣病予防のための食塩摂取量を少なくするため、食塩や味噌などの利用量や摂取量が少なくなっているが、家庭での漬物や味噌汁づくりを続けている家庭もあると考えらえる。

地域の主な食材と汁物

　佐賀平野を中心に、コメ、大麦、小麦、大豆、野菜の生産量は多い。有明海はノリの養殖に適し、良質のノリを製造している。玄界灘に面しているので魚介類は豊富であり、有明海の珍しい魚介類も食卓にのぼる。

主な食材

❶伝統野菜・地野菜
　女山ダイコン、佐賀青しまうり、モロヘイヤ、その他（佐賀小葱、とうがん、コンニャク、水いも、サトイモ、レンコン、アスパラガス、キュウリ、ナス、トマトなど）

❷主な水揚げ魚介類
　（玄海灘）アジ、サバ、カタクチイワシ、カキ（天然）、マダイ（天然）
　（有明海）貝類—サルボウ、タイラギ、魚—コノシロ、ムツゴロウ、カニ—ガザミ

❸食肉類
　ブロイラー、佐賀牛

主な汁物と材料（具材）

汁　物	野菜類	粉物、豆類	魚介類、その他
どじょう汁	サトイモの生茎、サトイモの干し茎、ネギ、トウガラシ	豆腐	味噌仕立て
すいもの汁	ダイコン、ジャガイモ		イワシ、醤油仕立て
しろいお汁	春菊		白魚、卵、昆布、調味（塩／醤油）
イセエビの味噌汁			イセエビ、油脂、みりん
せんだご汁	ジャガイモ、ネギ	ジャガイモデンプン、小麦粉→あんかけ	醤油仕立て
まがんこだご汁	サトイモ干し茎、ダイコン	そば粉	煮干し、醤油仕立て
のっぺい汁	ダイコン、ニンジン、ゴボウ、シイタケ、サトイモ	豆腐、片栗粉または小麦粉→あんかけ	豚肉または鶏肉、味噌仕立て
佐賀いも汁	つくねいも、ネギ		味噌汁
海藻汁	かじめ、その他の海藻		澄まし汁（魚介類味）
だぶ	干しシイタケ、レンコン、タケノコ、ニンジン	がんもどき	鶏肉、だし汁、醤油仕立て
うったち汁（水団）	サツマイモ、ニンジン、ゴボウ、ネギなど	油揚げ、小麦粉→団子	だし汁、味噌仕立て

郷土料理としての主な汁物

　荒波の玄界灘と遠くに漁火の見える有明海に挟まれている。小さな県でありながら派手な引きがある。この祭に関連した郷土料理もある。佐賀平野は鍋島藩の広大な敷地で穀倉地帯にありながら江戸時代に長崎防備の大役があったから生活は質素であった。しかし、佐賀平野と有明海からの自然に恵まれ、玄界灘育ちの魚介類にも恵まれている。

Ⅱ　食の文化編　　83

- **だご汁** だご汁は北野町に伝わる平麺の団子のような郷土料理。とくに、武雄温泉は質実剛健の気風は地域に浸透し、常に質素なだご汁と茶粥は突然の客のもてなし料理としても供される。

- **せんだご汁** 海が荒れ、漁に行かれないときの臨時食である。ジャガイモを擦りおろした後、木綿の袋で搾り、しばらく放置して沈殿したデンプンと小麦粉の団子を作り茹でる。ジャガイモを擦って得たデンプンを「せんだ」といい、これだけでは硬いので、小麦粉をまぜる。

- **まがんこだご汁** そば粉を使った団子汁をいう。だし汁は煮干しを使い、ダイコンの短冊切りや干し芋柄を加え醤油味に調える。そばは太めの棒状に切り、だし汁に加えて煮込む。

- **どじょう汁** 小形のドジョウに湯を通してから味噌仕立ての汁で煮て供する。兵庫町では客のもてなし料理として作る。

- **すいもの汁** 冬から春にかけて獲れるイワシ料理。大鍋に湯を沸かし、ダイコン、ジャガイモと共に煮る。

- **しろいお汁** 有田町では白魚のことを「しろい」とよんでいる。昆布だしと醤油で味を付け、白魚と刻んだ春菊を入れ、とろ火で煮る。初春の初物を楽しむ郷土料理である。

- **イセエビの味噌汁** 伊万里から唐津で漁獲されたイセエビは、頭を割り、油を敷いた鍋に入れてころがし、イセエビの香りを出し、水を入れて煮る。味噌汁の具となる。

- **だぶ** 材料を無駄にしない気持ちから考案された料理。鶏肉や季節の野菜など残りものを細かく刻んで、醤油味で煮込んだ料理。地域によっては「だぶ」「らぶ」「ざぶ」「さぶ」などという。

伝統調味料

地域の特性

▼佐賀市の1世帯当たりの調味料の購入量の変化

年　度	食塩 (g)	醤油 (ml)	味噌 (g)	酢 (ml)
1988	4,712	19,522	12,620	1,073
2000	2,261	11,962	9,579	2,405
2010	2,090	8,223	6,988	3,465

　佐賀県の代表的料理といえば、唐津市から離れた海岸の「呼子のイカ活き造り」である。まだ動いている透明なイカの刺身を醤油でなくカボスを搾った果汁で食べるのが、この地方のイカ刺身の食べ方の一つである。酸味がイカの甘味をより美味しく味わさせてくれ、カボスの香りが新鮮なイカの香りも爽やかに感じさせてくれる。塩や醤油だけでなく、日本のかんきつ類に調味料の役割を演じさせてくれる食べ方である。

　玄界灘に面した呼子は、身のしまりのよいマダイが水揚げされる。とくに、4〜5月のものは脂ものり活き造りを姿のまま盛り付ける料理も呼子の名物である。

　佐賀県の「唐津おくんち」は、11月2日〜4日（2013年現在）に行われる唐津市全市をあげての祭りで、春の港祭り（5月上旬）とともに唐津最大の祭りである。この祭りに欠かせないのが魚であり、30kgもある巨大なアラはその一つである。寒い時のアラの味噌仕立ての鍋料理は、アラのもつうま味を身とスープから味わう調理法といえよう。

　伊万里地方に伝わる「御九日煮込み（おくんちにごみ）」は、精進料理の一種である。御九日は、9月9日に行われる祭りのことである。「にごみ」は、「煮込み」のことで、ダイコン・ゴボウ・レンコン・アズキ・小イモ・コンニャク・クリをたっぷりの砂糖で煮込んだ、一種の砂糖漬けのようなものである。精進のない場合には、川魚や海産魚介類を入れて煮込むこと

もある。

　有明海や有明海に面する筑後川や大川の河口に生息するエツの料理は、福岡と並んで佐賀の郷土料理となっている。小骨が多いので、骨切りという細かい調理法がある。洗い、刺身、酢味噌和え、南蛮漬け、から揚げ、団子汁などの料理がある。調味料からみると多彩な調味料がこの魚料理に合うことが理解できる。九州地方の郷土料理には魚を利用したものが多く、それに合わせた調味料を個人的にも工夫しているが、食品会社も考えているようである。

　佐賀は伝統野菜の女山ダイコンや佐賀青縞ウリの栽培が江戸時代から行われ、おろし、酢の物などで賞味されている。一方、保存の面では野菜の漬物では高菜漬けが郷土食品となっている。気候温暖な土地の佐賀でも、発酵の進み方が遅いので、九州地方では、漬物づくりに最適の地域である。晩春になると、収穫した高菜は、食塩とトウガラシで漬け込み、夏の間は、青菜として食べ、秋には熟成が進み、黄褐色になった古漬けは独特の風味があり、一年中愛されている漬物である。

　佐賀は江戸時代から捕鯨基地として栄えた。その名残のクジラ料理が今も伝えられている。とくに玄界灘で捕獲したセミクジラ・シロナガスクジラ・ミンククジラの料理は古くから伝わる。東松浦地方に伝わる「おばやき」は、クジラの脂身に熱湯をかけ、縮みあがった脂身を酢味噌で食べる料理である。ミンククジラの赤身や霜降り肉は刺身、しょうが焼き、すき焼き、から揚げなどで賞味される。茹でた腸の輪切りは、おろしショウガ・酢醤油などで食べる。水揚げされたクジラの軟骨「顎のかぶら骨」にトウガラシを入れた粕漬けの「松浦漬け」は呼子の珍味となっている。味付けは家庭や会社により工夫されていて、塩漬けや醤油漬けとは違った香味である。

知っておきたい郷土の調味料

　佐賀平野を中心に水田として利用されている耕地は大きい。温暖な気候なので、水田の裏作には小麦や二条大麦の栽培が行うことができる。醤油や味噌の原料が多い地域といえる。

醤油・味噌

- **甘口味噌と天然醸造醤油**　明治時代に創業した醤油・味噌の製造会社が多く、伝統を守る自然熟成の醤油・味噌を製造していながら、時代のニーズに合わせて各種調味料、加工食品、冷凍食品を取り扱って会社もある。伝統技法と新技術との組み合わせは、これからの佐賀県の醸造関係をどのように会社の発展に結びつけるかを、次世代の経営者が考えている問題のようである。

  米の生産地である佐賀県は、甘口の米味噌の製造が多く、醤油は濃口醤油の生産が多い。伝統を守り続けながら新商品の開発を手がけている会社は多い。イデマン味噌醤油の醸造元の井手食品㈲は、醤油や味噌の製造販売とともに、和風ソース、麺つゆ、食酢、焼肉のたれなども取り扱っている。「佐賀むらさき濃口」「有明紀行」など地名のある濃口醤油もある（製造・販売は佐賀県醤油協業組合）。

食塩

- **佐賀の塩業の歴史**　平安時代中期に編纂された「延喜式」には、大宰府に租税として塩を納めたと記録されている。玄界灘の地域のリアス式海岸を利用して、小規模な塩づくりを行っている。

食酢・ぽん酢

- **熟成タマネギ酢**　タマネギ生産地として知られている白石町のタマネギの搾り汁を発酵させた純粋のタマネギ酢。タマネギに含まれるわずかな糖分が酢酸発酵したもので、酸味がわずかに生成された酢酸であるが、鼻を刺激することはなく食欲をそそる香りとまろやかな味わいがある。焼きナス、カツオの叩き、焼肉などにも使える。
- **ゆずぽん酢**　佐賀県産の柚子の果汁を入れたポン酢。焼き魚、サラダ、カツオの叩き、酢のものなどに使われる。

たれ・ソース

- **たまねぎ和風ソース**　醤油と佐賀県産のタマネギを使ったソースで、肉料理、温野菜。ムニエルなどに使える（イデマン［井出食品㈲］）。

万能調味料

- 「**はちみつみそ**」　佐賀県の熟成味噌と九州産の「はちみつ」を混ぜたもの（イデマン［井手食品㈲］）。
- **煮物しょうゆ**　鰹節と昆布のだし汁が含む。

郷土料理と調味料

- **おくんち（御九日）煮込み**　伊万里地方に伝わる精進料理。御九日（おくんち）は、9月9日の祭りのことで、大根・牛蒡・レンコン・小豆・小イモ・コンニャク・栗を入れて砂糖を入れて甘く煮込んだもので、野菜の砂糖煮のようなもの。九州の郷土料理の味付けが甘い傾向がある。東北地方では秋田県の郷土料理には比較的砂糖を入れて甘い味付けとする傾向がある。
- **松浦漬**　東松浦地区の郷土料理で、クジラの軟骨（顎のかぶら骨）に唐辛子を入れた粕漬け。味付けは独特である。

発　酵

粥占（かゆうらない）

◆地域の特色

　北西部はリアス式海岸と砂浜の玄界灘、南東部は干潟と干拓地の有明海という、二つの海に接している。筑後川沿いには県の面積の3割を占める佐賀平野が広がり、玄界灘から佐賀平野西部までは杵島丘陵などの丘陵地帯である。北東部に脊振山地、南西部に多良岳山系といういずれも1000m級の山地があって丘陵地帯を挟んでいる。

　有田町など佐賀県西部では陶磁器関係の産業が盛んで、有田焼（伊万里焼）、唐津焼などのブランドも多い。近年は日用品も含めてさまざまな陶磁器が生産されている。

　温暖な気候に恵まれる佐賀県は、日本最古の水田跡といわれる菜畑遺跡や弥生時代の大規模な環壕集落、吉野ヶ里遺跡が点在するなど、古くから稲作とともに発展してきた。江戸時代に本格化した干拓によって広がった佐賀平野は、ミネラル豊富で肥沃な大地となり、全国屈指の米どころである。温暖な気候などの好条件を生かし、古くから二毛作が行われてきた。同じ田んぼで米を収穫した後麦をまく、その作付面積は北海道、福岡に続いて全国3位（2018年産）である。二条大麦の作付面積は日本一を誇る（2018年産）。佐賀タマネギは、四十数年前から栽培が始まり、北海道に次いで全国2位を誇る。「さがほのか」「とよのか」などのイチゴ、嬉野茶、そして、高級黒毛和種の佐賀牛、伊万里牛などが有名である。水産品では、有明海の板のり収穫量が全国1位（2005（平成17）年）である。

◆発酵の歴史と文化

　佐賀をはじめとして、北部九州には、その年の豊凶をカビで占う「粥占」を行う神社がある。粥や飯を半月から1カ月放置して、それに付いたカビの生え方や色でその年の豊凶や天候を占う珍しい行事である。特に、筑後川中流域の朝倉郡や脊振山から佐賀平野にかけての佐賀県南部に集中

して分布する。

　三養基郡みさき町にある千栗八幡宮の創建は、724（神亀元）年といわれ、このとき以来、粥占が行われてきたと伝えられている。『肥前古跡縁起』（1665（寛文5）年）に、千栗八幡宮の粥占の記述があることから、少なくとも17世紀半ばには、粥占が行われていたと考えられる。現在、2月の初卯の日にお粥を炊く。古くは小正月の1月15日にお粥を炊いた。粥占の準備は三大宮司と十社家が執り行っていた。粥に炊く米は、全粒1升、半搗き米5合、米粉が1合である。粥は「御粥炊処」で午前9時から炊かれる。初めは全粒米だけで炊き、半搗き米や米粉をどのタイミングで入れるのかは伝来の秘法とされる。こうして、炊き上げた粥で神慮を伺うことになる。粥を銅製の鉢に移し、野イチジクの木の枝の皮を剥いで十字に縛り、鉢に付ける。神殿にて東西南北を決める神事を行い、肥前、肥後、筑前、筑後の札を付ける。内陣に粥の入った鉢を納め、3週間ほど安置する。占いは御粥試人によって行われ、占い結果は3月15日に公開される。内容は、肥前、肥後、筑前、筑後の吉凶順、五穀などの作柄、天変地異、流行病などである。2005（平成17）年には、福岡西方沖地震を予言したとされる。御粥試人は、カビの色、形、大小、乾湿などにより判断し、青は良、赤は不良、乾燥していれば早魃、湿潤だと水害という見立てをしたという。

　登彌神社（奈良市）の筒粥祭、出雲大神宮（京都府亀岡市）の粥占祭、彌彦神社（新潟県西蒲原郡）の粥占、隅田八幡神社（和歌山県橋本市）の管祭、能生白山神社（糸魚川市）の御粥粥祭、阿射加神社（松阪市）の粥占いなど、全国各地で「粥占」が行われているが、一般的に旧正月や小正月に行われる。その方法は竹筒や葦筒など中空植物の茎を粥と一緒に炊き、粥の入り具合でその年の豊凶（豊作か凶作か）などを占う。一般に、小豆粥が使われることが多い。炊き上がった後すぐに筒を割り、筒中のアズキと米粒の数で判断するものであり、佐賀のようなカビによる粥占は独特のものである。

◆主な発酵食品

醤油　　宮島醤油（唐津市）では、佐賀で栽培された丸大豆と小麦を使い、熟成させた佐賀の醤油をはじめ、甘口の醤油などを全国に向けて販売している。万両味噌醤油醸造元（神埼市）では、イスラム教徒（ムスリ

ム）のためのハラル認証を受けた醤油を造っている。その他、1849（嘉永2）年創業の吉末醸造元（佐賀市）、天然醸造醤油蔵である丸秀醤油（佐賀市）、海苔醤油を造る井手食品（神埼郡）など18の蔵がある。

味噌 　佐賀県で穫れた大麦、大豆を原料とした麦味噌や、米味噌と麦味噌の合わせ味噌が主体である。

　木樽による天然発酵にこだわった仕込みを行っている北島味噌醤油店（佐賀市）のほか、万両味噌醤油醸造元（神埼市）、角味噌醤油（武雄市）などがある。多くは、味噌だけではなく醤油も造っている。孔子味噌は、多久市特産の青大豆を使用した手造りの減塩味噌で、JA日本海側気候味噌加工グループで造られている。

日本酒 　佐賀平野を有する佐賀県は全国でも有数の米の産地である。また、北の脊振山系などの良質な伏流水が豊富な地域で、昔から日本酒造りに恵まれていた。鎌倉時代には「肥前酒」として幕府に献上していたといわれる。江戸時代には佐賀藩（鍋島藩）は酒造りを奨励したため、今でも県内には多くの蔵元があり、酒造密度（面積に対する酒蔵の数）は全国でもトップクラスである。九州の中では一番、日本酒を飲む県とされている。

　佐賀県では、品質の優れた製品を消費者に届けるため、「佐賀県原産地呼称管理制度」を2004（平成16）年に創設し、純米酒を対象として製品の認定を行っている。佐賀県産原料を100％使用し、佐賀県内で製造されていること、さらに、専門家で構成される「佐賀県原産地呼称管理委員会」で味や香りなど品質も審査して、「The SAGA認定酒」として認定されている。このような県独自の原産地呼称制度を設けているところは、ほかに長野県があり、さらに同様な試みは他県でも始まりつつある。

　創業300年の長い歴史をもつ天吹酒造（三養基郡）では、吟醸酒などのほか、マリーゴールド、アベリア、シャクナゲ、ヒマワリなどの花から分離した花酵母を使った酒などを造っている。蔵元杜氏の先駆けともいえる富久千代酒造（鹿島市）では、規模は小さいながらも人気の純米吟醸酒を造っている。1688（元禄元）年創業の窓乃梅酒造（佐賀市）や光武酒造場（鹿島市）、1789（寛政元）年創業で200年以上の歴史の瀬頭酒造（嬉野市）など古い歴史の蔵が多い。その他、大和酒造（佐賀市）、天山酒造（小城市）、五町田酒造（嬉野市）、松浦一酒造（伊万里市）など約20の蔵がある。

Ⅱ　食の文化編　　91

焼酎 　日本酒と同様に、「佐賀県原産地呼称管理制度」により、「百パーセント佐賀」の焼酎を認定する制度があり、麦焼酎で宗政酒造（有田町）、窓乃梅酒造（佐賀市）が認定されている。芋焼酎は光武酒造場（鹿島市）で、米焼酎は天山酒造（小城市）などで造られている。

　珍しい焼酎としては、菱焼酎がある。菱は全国各地の湖沼でみられる水草の実で、茹でておやつとして食べられてきた。菱形とは、菱の実の形からきている。稲作の減反政策で転作する田んぼでの栽培が盛んな佐賀市周辺で、食用の品種が栽培されている。この菱の実を粉末にして米麹で発酵させ、減圧蒸溜で仕上げる菱焼酎が大和酒造（佐賀市）で造られている。

酢 　1832（天保3）年創業のサガ・ビネガー（佐賀市）は、発酵90日、熟成90日という手間暇をかけた静置発酵法により伝統的な醸造酢を造っている。また、玉葱液をまるごと発酵したアミノ酸豊富な醸造酢である熟成たまねぎ酢も造っている。

蟹漬け（がんづ）　有明海沿岸で作られる、干潟に生息する小型のカニを利用した塩辛の一種である。地域によってがね漬け、がに漬けとも呼ばれる。

青しまうり漬け　多久市で採れる青しまうりを、酒粕で漬けたものである。一般的な奈良漬けと比べ、カリッとした食感が特徴である。

あみ漬け　アミと呼ばれる小さいエビを生のまま塩で漬けたもので、長洲町などで作られる。

松浦漬、鯨軟骨粕漬け（まつうらづけ）　クジラの上顎付近の軟骨である蕪骨（かぶら）を刻み、水に晒して脂を抜いたのちに酒粕に漬け込んだもので、唐津市呼子の名産である。日本珍味五種の一つといわれる。

テンペ　テンペは、煮た大豆にテンペ菌（リゾプス属のカビ）を混ぜて発酵させたインドネシアの発酵食品で、鉄分、カルシウム、ビタミンB群を豊富に含む。杵島郡白石町で特産の大豆「むらゆたか」を使って作られている。

嬉野茶（うれしのちゃ）　嬉野市周辺で生産される日本茶で、室町時代頃から生産が始まったとされる。釜炒りにより加熱して、酵素による発酵を停止させる釜炒り茶である。

◆発酵食品を使った郷土料理など

須古寿し　押しずしの一種で、杵島郡白石町の須古地区に伝わる郷土料理である。すし飯を浅い木箱に敷き詰めて小分けに区切りを入れ、ムツゴロウの蒲焼をはじめとする色とりどりの具を盛り付けたすしである。すし酢にはムツゴロウの蒲焼の骨を漬け込んだ合わせ酢を用いる。

ふなんこぐい　鹿島市の郷土料理で、生きたままのフナを昆布で巻いて、ダイコンやレンコンなどの野菜と一緒に、味噌や水飴などで長時間煮込んだものである。

ムツゴロウの蒲焼　有明海の珍味の代表格で、珍しい外見に反して味は絶品である。素焼きしたムツゴロウを、醤油、酒、砂糖で作った調味液で液がなくなるまで煮詰める。

◆発酵にかかわる神社仏閣・祭り

千栗八幡宮（三養基郡）　御粥試　日本三大粥祭りの一つであり、724（神亀元）年の創建当時から続くとされる。お粥に生えたカビの色などで1年の吉凶を占う「御粥試」は毎年、2月下旬に1升5合の米を1斗の水で炊き、銅製の神器に入れて神殿に奉納し、3月中旬の朝、境内のお粥堂に移し、お粥に生えたカビの色などによる占いの結果が発表される。境内にはお粥堂がある。

海童神社（佐賀市）　お粥開き神事　3月中旬にお粥に付いたカビの色で1年の吉凶を占う「お粥開き神事」が行われ、カビの付き具合を確認して、1年間の無病息災や五穀豊穣などが祈願される。神社創建以来、約450年以上続く伝統行事で、お粥が盛られた鉢を神社のある川副町に見立て、お粥を1カ月間本殿にお供えし、カビの付き方や色でその地区がどんな1年になるかを占う。

祐徳稲荷神社（鹿島市）　秋季大祭（お火たき）　新暦の12月8日に新嘗祭の夜の神事として行われている祭りで、御神火が燃え上がると同時に、神前にお供えした新米で造られた甘酒が参拝者に振る舞われる。

Ⅱ　食の文化編　93

◆発酵関連の博物館・美術館

大平庵酒蔵資料館（多久市） かつて木下酒造の酒蔵であったものをそのまま資料館として利用している。館内には、昭和40年代まで実際に使用されていた多数の酒造用具が並ぶ。酒水の量を計る桶や発酵を促すだき樽など、当時を知る貴重な用具は国の重要有形民俗文化財に指定されている。

◆発酵関連の研究をしている大学・研究所

佐賀大学農学部生物資源科学科食資源環境科学コース / 生命機能科学コース

清酒酵母や麹菌の基礎的、応用的研究で先端の研究が行われている。原料、酵母、酒質の決定、製造すべてが大学オリジナルの日本酒「悠々知酔」が販売されている。

発酵から生まれたことば　差しつ差されつ

酒を注いだり注がれたりして、仲良く杯のやりとりをする様子のことである。仮名草子『智恵鑑』（1660（万治3）年）に「夜にいるまで、さしつ、さされつしみける所に」と出ていることからも、我が国の古くからの伝統のようである。

2020（令和2）年に突如、現れた新型コロナウイルスによるパンデミックで、多人数での飲食が制限され、インターネットを使ったリモート飲み会などが流行した。しかし、この場合は、「差しつ差されつ」ができず、盛り上がらなかった。

日本人は、ビールを飲むときにも「差しつ差されつ」をするが、西欧の人とビールを飲むときにこれをすると、奇妙な顔をされる。「差しつ差されつ」は、我が国固有の飲酒文化のようである。

和菓子／郷土菓子

丸ぼうろ、黒棒、松葉（右上から時計回りに）

地域の特性

九州の北西部に位置し、北側の玄界灘と南側の有明海に面した2つの顔がある。地勢区分は江戸期の佐賀藩と唐津藩の区分がそのまま唐津市を中心とした北部（北西部）と、佐賀市を中心にした南部（南東部）に分けられる。

玄界灘に面した地方は、対馬暖流の影響を受けるが冬は北西の季節風が強く、波は荒いが好漁場がある。有明海は干潟と干拓の海だが、沿岸から筑後川沿いには県の3割を占める佐賀平野が広がる。水の管理はクリークができたことにより九州屈指の穀倉地帯となった。

伊万里・唐津の肥前陶磁器は「文禄・慶長の役」の際、朝鮮半島より同行してきた陶工たちが祖国の技術を伝えたとされ、蹴轆轤はその1つの技法であった。

菓子文化をみると、1591（天正19）年、東松浦半島に名護屋城ができ、秀吉の朝鮮出兵と関係してくるのが唐津の「松露饅頭」である。タコ焼きのようにクルクル回転させて焼く製法は、朝鮮半島からの影響であった。佐賀県内を通過する長崎街道は、「シュガーロード」といわれるように長崎に伝わった南蛮菓子文化が、県内各地に点在していた。

地域の歴史・文化とお菓子

伝来経路が分かる佐賀の菓子

①丸ぼうろ・黒棒・松葉

佐賀の名物といえば「丸ぼーろ」（丸房露、まるほうろ）の名が浮かぶほどよく知られている。しかし、南蛮菓子の「丸ぼーろ」がなぜ佐賀の銘菓なのかと、疑うこともなかった。だがわかったことは、1635（寛永12）年創業の佐賀市内の御菓子鶴屋は鍋島藩御用達で、幕府より福岡藩と1年

Ⅱ 食の文化編　95

交代で長崎警備を命じられていたからであった。そのため長崎の出島との
つながりがあり、南蛮菓子の「丸ぼうろ」が、佐賀の銘菓として親しまれ
ていたのである。

　この「丸ぼーろ」を佐賀に伝えたのは、鶴屋2代目太兵衛で天和年間（1681
～84）、出島のオランダ人から製法を習ったとされる。「黒棒」も「松葉」
も詳細は不明だが、江戸期に伝わったという。

③「丸ぼうろ」というお菓子

　「ボーロ」はポルトガル語で菓子という意味。当初は砂糖と小麦粉を混
ぜ合わせた焼き菓子で、今のものよりずっと堅かった。これが長崎を経て
佐賀に伝えられていた。堅いボーロが今日のようなソフトなものとなった
のは明治元年で、その後さらに改良が進み、鶏卵を使うことによって子供
もお年寄りも楽しめる菓子となった。それは佐賀の菓子職人たちの、「ボー
ロ」に寄せる「異国へのロマン」からだったのであろう。

　このボーロは、最初ポルトガル船員の保存食であったそうだ。それを優
しい菓子に変身させたのも佐賀人で、この菓子を婚礼の引き出物とし、同
じ南蛮菓子の千代結び（有平糖・めがね菓子）とコラボさせ、ワンランク
上のお菓子とした。

③「黒棒」と「松葉」

　「黒棒」は小麦粉と黒砂糖を主原料にした佐賀の郷土菓子で、駄菓子的
存在である。だがこれも南蛮菓子のビスコッティ（イタリア語）の製法が
日本化したものであった。

　我が国では、この菓子の味を左右したのは小麦粉と、これを焼く窯にあ
った。窯においては、大正時代、陸軍第18師団のあった久留米（福岡県）に、
収容されたドイツ兵によって焼かれていたパン釜がレンガ窯で、それで焼
かれるようになり美味しくなったという。

　「松葉」は小麦粉を使った焼き菓子で、カステラと同じ製法で作られる。
『肥前のお菓子』（村岡総本舗発行）によると、ポルトガルにも黒松があっ
て大切にしているそうだ。つまり、カステラを焼くには火力の強い松が必
要だった。そしてポルトガル北部のポルトの市場で、日本の焼き菓子「松
葉」によく似たお菓子が売られていたという。

④岸川饅頭・多久饅頭

　多久市は佐賀県のほぼ中央にあって、日本最古の孔子を祀る「多久聖

廟」がある。この地の饅頭は孔子の故郷・中国伝来の古式製法を伝えていた。

饅頭は鎌倉時代に禅僧によって伝えられ、小腹の空いた時食べる点心の1つであった。鎌倉時代の僧・日蓮の手紙の中に「十字の餅」という文字が記され、それが饅頭のようであった。「満月のように丸く、何枚と数え、保存のきく」もので、初期の饅頭は中に何も入らない、酒種を使った酒饅頭だったとされる。

岸川饅頭はまさに酒麹を使った古式饅頭で、今日風にいろいろな餡入り饅頭がある中に、餡なしの饅頭があり素晴らしく美味であった。江戸時代末期の書物にも「餡ナケレド其味佳成」とあった。

県内を通るシュガーロード・長崎街道沿いには、丸ぼーろを筆頭に金花糖、砂糖菓子、逸口香などの南蛮菓子や唐菓子がしっかりと根付いている。

佐賀はまた別名「菓子王国」といわれている。それは森永製菓や江崎グリコといった、大手製菓会社創始者の出身地だったのである。

行事とお菓子

①佐賀平野の正月飾り

床の間には「歳徳さん」と「お手懸けさん」を飾る「お手懸けさん」は三方に半紙を敷き、つんの葉（ゆずり葉）と裏白を敷いて米1升を山盛りにして置く。その上に葉付き橙をのせ、橙の下に昆布を敷く。米の上に栗5個と干し柿を飾る。後ろには野老の根を輪にして置き、中に熨斗を巻いた木炭を置く。「代々このところ、すみくりなおす」といって、代々この所に住み着いて家の繁栄を祈る、という意味で、縁起をかついで飾る。

②多良山麓の「花炒り十五日」

太良町周辺ではかつて小正月の1月15日は「花炒り正月」といった。花はもち米の瓲を炒ったもので、「別々にしないで、一緒にしよう」といって、集落の母さんたちが当番の家に集まる。もち米の瓲を"ごひと"（2合5勺）か5合くらい持ち寄り、それぞれの家の分を大きな平釜で炒って、花のように爆ぜさせる。

この日は御馳走（五目御飯など）を作って食べ、花は各自持って帰り神仏に供え、畑に持って行ってモグラ除けにする。残った花は食べたり、雷除けにし、雷が鳴ったら家の周りに撒くとよい。

Ⅱ　食の文化編　　97

③四月三日の「月遅れのひな祭り」

　ふつ餅を作る。ふつは蓬のことでカマドの灰で灰汁抜きをして餅に搗き込み、香り高いふつ餅ができる。あれつけもちは、餅につぶし餡を付けて食べること。香ばしい黄な粉をまぶしても食べる。

④有田陶器市の「いろうさん餅」

　5月初旬の有田地方の大きな行事で、この前後には来客があるので「いろうさん餅」を作る。これは蓬を搗き込んだふつ餅で、中に甘い餡が包まれ、外側に塩味の煮小豆がまぶされている。

　蓬の緑色、甘い餡、塩味の煮小豆と、いろいろな味わいが楽しめる。有田の名物餅で、一度食べたら忘れられない味である。

⑤祇園祭の「祇園饅頭」

　有田地方の8月初めは祇園祭で、饅頭や御馳走を作る。「祇園饅頭」は米粉と小麦粉を混ぜ合わせ、ソーダを加えて膨らませる。小豆餡を包んでガンジャー（サルトリイバラ）の葉を下に敷いて蒸す。この地方では夏には酒饅頭も多く作られている。

知っておきたい郷土のお菓子

- **丸ぼうろ**（県内各地）　佐賀県を代表する郷土菓子。小麦粉、鶏卵、砂糖を合わせて焼いた南蛮菓子の1つで、「ボーロ」はポルトガル語で菓子のこと。佐賀ではお祝いに使われ、そのときは丸ぼうろと有平糖の紅白の千代結び（眼鏡菓子）とセットになる。「丸芳露」「丸房露」の字をあてる。

- **肥後ケシアド**（佐賀市）　創業370年の鶴屋が作る。同店に残る文書から、ポルトガルのチーズタルト「ケイジャーダ」が元になった南蛮菓子を2009（平成21）年に復元。江戸時代と同じくチーズをかぼちゃ餡で代用した焼き菓子。

- **徳永飴**（佐賀市）　徳永飴総本舗が江戸後期からの製法で作る米飴で、地元徳永では「あめがた」とよび、長方形の板状に作ってある。食べる時はテーブルの角などで割る。産前産後の滋養補給の他、料理にも使う。

- **白玉饅頭**（佐賀市）　名所・川上峡の名物としてときわ屋などが作る。白玉粉でなく、うるち米粉の生地で小豆漉し餡を包んだ、歯切れのよい小ぶりの饅頭。吉野屋では、創業130年を機に玄米白玉饅頭も作る。

- **ゆり菓子**（佐賀市）　亀屋が温泉客に作ったのが最初。古湯温泉の山に自生するゆり根から澱粉を採り加工したものでお湯に溶かして飲んでも美味しい。

- **松露饅頭**（唐津市）　唐津の名物菓子で、小豆漉し餡入りの小さなカステラ饅頭。景勝地虹の松原に自生する松露に因んだ菓名だが、作り方はタコ焼き風にクルクル回転させて焼く。この製法は豊臣秀吉の朝鮮出兵がきっかけで伝わったという。大原松露饅頭本店は1850（嘉永3）年創業。

- **松原おこし**（唐津市）　まるき屋麻生本家などが作る唐津名物。糒に水飴をからめて黒砂糖を合わせ、棒状に伸して3〜4cmほどに切る。佐用姫伝説のある鏡山を模して台形に積んで包んだ昔ながらの土産菓子。

- **けえらん**（唐津市）　浜玉町の数軒で作る。米粉のしんこ生地を薄く伸して四角に切り、小豆の漉し餡を細長い筒状に巻く。浜玉町・諏訪神社の春祭りに出店で売られていたが、今は何軒かが常時販売している。

- **岸川饅頭・多久饅頭**（多久市）　北多久町の小麦の産地の岸川地区に伝わる直径10cmほどの大きな酒饅頭。餡なしが本来だが今は小豆餡、南瓜餡などいろいろ。毎年5月2日の御田祭りに家庭で作られており、現在は専門店がある。岸川饅頭は大陸伝来当初に近い姿を残している。

- **小城羊羹**（小城市）　1592（文禄元）年頃、小城では小豆、蜂蜜、海藻を煮詰め羊羹らしきものが作られ、名護屋本陣で秀吉も口にしたという。時代が下り「小城羊羹」と羊羹箱に文字を入れた最初は村岡総本舗。創業は1899（明治32）年。小豆に砂糖、寒天と素材を煉り上げ木箱に流して一昼夜寝かせ切り分ける昔ながらの「切り羊羹」。シャリッとした歯触わりと中のやわらかさが魅力の羊羹である。村岡総本舗には羊羹資料館が併設されている。

- **逸口香**（県内各地）　嬉野市の長崎街道塩田宿の楠田製菓が主に製造。中国から伝来した唐饅頭が原型で、焼くと中に包んだ黒糖が皮のほうに貼りつき中が空洞になるのが特徴の焼き菓子。佐賀平野の良質な小麦粉を使う。よく似た菓子が長崎県や愛媛県、愛知県にある。

- **黒棒**（県内各地）　佐賀の郷土菓子だが、広く九州地方で作られている。南蛮菓子のビスコッチテイ（イタリア語）の製法が日本化したとされる。黒砂糖、卵、小麦粉、重曹を練って寝かせた生地を棒状にしてオーブン

で焼き、長さを揃えて切り、黒砂糖や生姜風味の糖蜜を表面に塗って乾燥させる。鹿児島のゲタンハ（下駄ん歯）と類似している。

乾物／干物

佐賀県産海苔

地域特性

　佐賀県は九州の北西部に位置し、玄界灘と有明海の2つの海に面する。また伊万里焼、唐津焼、有田焼に見るように、古くから陶磁器の産地としても有名である。県内の区分は、唐津市を中心とした北部地区と、佐賀市を中心とした南部地区に分けられ、人口、面積共に全国的には小さい。リアス式海岸と砂浜の玄界灘と干拓地有明海の、まったく異なる2つの海に接している。筑後川沿いには佐賀平野が広がり、面積の3割を占める。

　気候的には比較的温暖であるが、県内全域は太平洋側気候であり、降水量は北部と南部では異なるが、台風などの被害はほかの九州地方より少ない。古代吉野ヶ里遺跡や唐津城、虹ノ松原、有田、嬉野温泉など観光化されてもいる。

　佐賀平野の一次産業は米中心であるが、多くの穀類、野菜類、果樹園芸、嬉野茶なども盛んである。漁業も盛んであるが、有明海の佐賀一番海苔の養殖は全国の生産量の約22％のシェアを誇り、第1位である。海苔の生産王国である。

知っておきたい乾物／干物とその加工品

佐賀県産海苔　　日本一の生産量を誇る佐賀県有明海で採れる海苔は、肉質が柔らかく、香り高いことで知られている。日本人の誇りをかけて行う伝統の技には、多くの秘密が隠されている。干満の差が激しい有明海では、支柱式製法で干潮時に網が海面から上がる。この時に乾燥することで、生命力が引き出され、丈夫な海苔ができるといわれている。

　網を吊り上げる位置などを微妙に調整することなどは生産者の腕の見せどころである。海苔の収穫は真冬の11月下旬から翌3月中旬ごろの寒い真夜中で、日中の光を避けることで、昼間ため込んだ栄養素が中に閉じ込

められ、引き締まった状態になるからだ。

バラ干し海苔

佐賀県佐賀市川副町で採れる有明海の海苔がおいしいのにはわけがある。1つは、有明海には筑後川など大小120もの河川が流れ込み、豊かな栄養を運んでくる。淡水と海水が混ざり合うことで塩分濃度がさがり、海苔の柔らかさを生む。

さらにもう1つが最大6mにもなる干満の差だ。有明海の養殖は遠浅の海岸に支柱を建てる支柱式製法で、干潮時には支柱に固定した網が太陽に干し出され、海苔の光合成によって成長が促され、潮が満ちると海の栄養を取り込み、うま味を閉じ込める。水の中に浸かったままの海苔が黒味を帯びるのに対して、有明海の海苔は赤褐色（赤みを帯びた黒色）が特徴である。

10月には海苔の種付けが始まる。かきの殻の中で育てた海苔の胞子を網に吊るす。これを落下傘方式という（千葉県などでは水車方式といわれる）。水温が23℃ぐらいになると、かきの殻に付着していた胞子が飛び出し、海苔網に付着する。この網から海苔芽が出てきて、11月ごろから秋海苔が収穫され始める。これが初摘みだ。摘み採った後、また15日くらいでまた芽が出て伸び、10番摘みくらいまで採れるという。

回数が多くなると固さが増すので、初摘みが最もおいしいとされ、価格も高い。この後、種付けして冷凍保存した海苔網を養殖場に出し、冬海苔として翌年の春先まで収穫される。海苔といえば漉いていた海苔として生海苔を乾燥したものが多いが、見た目は岩海苔やアオサに似ているが、袋を開けると磯の香りが広がり、香ばしく、うま味も強い。

そのまま手でほぐし、乾燥し、焼き上げることで、細胞を傷めないように収穫したままで乾燥焙煎する。板海苔は、海苔の芽を細かく刻み、漉く際に大量の水を使うため、どうしてもうま味成分や栄養成分が流出しやすい。バラ干し海苔はその点、海苔本来のうま味、栄養を味わうことができる。

有明板海苔

日本で最大の生産量を誇る有明板海苔は、紅藻類ウシタケノリ科の海藻であるノリを板状にして乾燥した製品である。天然のウシタケノリ科アマノリ属は日本では約28種くらいあるが、いまは養殖品種はスサビノリと浅草ノリである。

1947（昭和22）年にイギリスの海洋学博士であるキャサリン・メアリー・

ドリュー（1901～1957）が、夏から秋に向かう海苔の胞子が海水の中を遊走し、貝殻に付着してカビ菌のような糸状態であることなどを発見した。これにより、それまで謎であった夏場の海苔の生態がわかり、急速に養殖技術が進歩したのである。

　紅藻類の仲間であるノリは、10月下旬～12月ごろにかけて急成長する。ノリの葉態は雌雄同株で、雄精細胞は造精器、雌精細胞器は造果器と呼ばれる。造精器は分裂して精子を作り、水流によって運ばれ受精する。それがまた分裂して果胞子を作る。これが3～4月ごろまで続き、その後水温が上がるに従って葉態は老化していく。

　一方、葉態から分かれた果胞子は、かきの貝殻などの真珠層の孔を開けて入り込み、真珠層の内部で糸状になって成長する。貝殻の中で夏を越し、糸状体はあちこちに殻胞子嚢を形成する。9月ごろになるとその胞子が飛び出し、それが海苔網にくっついて発芽。そして海苔の葉態となる。人工採苗の技術が確立されたことにより、それまでは天然に頼っていたため生産量が非常に不安定であった海苔が、人の手で管理できるようになったのである。これにより、胞子を付けた海苔網を冷凍保管し、海水の温度や浜の状態によって、網を張り養殖して、飛躍的に生産量が増加した。現在は85～90億万枚が安定して生産されるようになった。一時、韓国などからも輸入されていたが、いまは国内産で安定供給ができるようになった。世界的には日本で最も多く食べられているが、韓国や中国でも食べられている。韓国風に海苔巻（キンパッ）にしたり、ヨーロッパ風にスープに入れたり、バターと一緒に混ぜてパンに塗ったり、パスタなどに混ぜたりと、全体的に洋風化されてきている。

佐賀県産大豆「フクユタカ」

九州産大豆「フクユタカ」はタンパク質含有量が多く、ショ糖含有量が少ないので、あっさりした味わいがあり、甘みがしっかりしている。豆乳や菓子加工用プリンなど食感がソフトのため向いているので人気がある。

Ⅱ　食の文化編　　103

Column

　海苔のうまさとは、磯の香りとまろやかさに加え、色、つや、柔らかさ、そして食べた時に口の中でとろけるうま味、芳醇な味わいがある。秋海苔は草が柔らかく、冬海苔はうま味が深いとされ、これを走りという。

　海苔の養殖方法は、今では2通りの方法が取られている。支柱式漁法は水深の浅い内海湾で、海中に竹の支柱を立てて（グラスファイバー製の）海苔網を張る方式で、愛知県、三重県などの木曽三河口や佐賀県有明湾などで行われている。かきの殻に付けた種は落下傘方式にて種付けをする。浮流し式漁法は、水深が深いところでは沖合にブイを浮かべ、その間に海苔網を張る。千葉県、宮城県、兵庫県などで行われている。

Ⅲ

営みの文化編

伝統行事

唐津くんち

地域の特性

佐賀県は、九州地方の北西に位置し、北の玄界灘と南の有明海に挟まれた面積の小さな県である。北西部に東松浦半島が張りだし、東岸に唐津湾、西岸に伊万里湾を形づくる。北部に脊振(せふり)山地があり、その南に肥沃な佐賀平野（筑紫平野）が広がる。西部には武雄・嬉野などの盆地が点在する。夏に降雨量が多いが、冬は少なく温暖である。

江戸時代には、佐賀藩と唐津藩がこの地を治めていた。佐賀藩の悩みは、利水と低地の水害であり、治水工事が進められた結果、堤防や用水路、ため池などが100カ所以上築造された。有明海の干拓は、今もなお続く事業である。

伝統工芸では、有田焼、伊万里焼、唐津焼が名高い。ほかに佐賀錦・手すき和紙なども知られる。

行事・祭礼と芸能の特色

全国的に知られるまつりは、唐津おくんち。忌日(いみび)である「お九日」を祝うまつりであり、佐世保おくんち、長崎くんち、それに奈良九日祭（桜井市）などと様式が共通する。

国の文化財（重要無形民俗文化財）指定を受けている行事・芸能に、武雄の荒踊（武雄市）、唐津くんちの曳山行事（唐津市）、竹崎観世音寺修(たけざきかんぜおんじしゅ)正会鬼祭(じょうえおにまつり)（藤津郡）、白鬚神社の田楽（佐賀市）、見島(みしま)のカセドリ（佐賀市）がある。

主な行事・祭礼・芸能

御粥講 千栗八幡宮（三養基郡）で3月15日に行なわれる特殊神事。10日前の2月26日に社家伝来の秘法をもって米3升で御粥を炊き、鉄鉢(かなばち)に盛って箸を十文字に渡す。筑前・筑後・肥前・肥後の4つに

分けたとして、神前に納めておく。そして、3月15日朝、粥の表面にできたカビの状態によって、それぞれの土地のその年の五穀ほかの豊凶善悪を御粥試人が占うのである。その結果は、一般にも公表される。

田島神社夏越祭

田島神社（松浦郡）で、6月29日と30日に行なわれる夏越祓いのまつり。29日、斎戒沐浴した青年たちによって神輿が渡御。御旅所で姫島踊と相撲が奉納される。

仁比山神社大御田祭

旧暦4月初申の日、仁比山神社（神埼郡）のまつり。中年には大御田祭といって御田舞の式が行なわれる。12日目の下宮への御神幸には御田役者（若衆）と田植女（10〜15歳くらいまでの少年の女装）がつく。御田舞は、3月3日の晩から稽古がはじめられ、まつりの期間中は毎日演じられる。また、御神幸で下宮に着いたあと、神前の舞台でも披露される。

初めに翁が大足駄をはき、団扇を持って出て舞台を巡る。続いて、田植唄を囃しながら、田打ち・種蒔き・代踏み・植付けなど田植の所作を行なう。種蒔男の蒔いた種は、群衆が奪い合って持ち帰る。

次に、鬼舞。鬼は、素面に赤白の熊毛をかぶり、木の大斧を持って舞台を躍りまわり、斧の柄を舞台の床に突き立てる。床板が破れると、その年は豊作だといわれる。群衆は、「ソラホゲタ、ソラホゲタ」と叫んで、床板の木片を家に持ち帰り、戸口にかけておく。それが痘瘡除けのまじないになる、という。

唐津くんち

10月28日〜30日に行なわれる唐津市のまつり。全市をあげての秋まつりで、春の港祭（5月上旬）とともに唐津最大の年中行事となっている。「くんち」は、本来は「お九日」の義であるが、ここでは単にまつりという意味で用いている。

まつり当日は、鯛・兜・獅子・鯱・飛龍・鳳凰丸・蛇宝丸・浦島・義経などの巨大なつくりものをすえた高さ1丈6寸（約3.2メートル）ほどの豪華な山車14台が曳き出され、小頭・中老・若者頭・引子などと呼ばれる50〜60人の者が、笛や太鼓、鉦の囃子にのって練りまわる。山車の出るまつりでは、九州でも名高いもののひとつである。

呼子大綱引き

6月9日と10日に呼子町で行なわれる。もともとは、旧暦5月の節供に行なわれる行事であった。

町を上組と下組に分けて、長さ10町（約1,091メートル）にも及ぶ大綱

Ⅲ　営みの文化編　　107

を9日は子どもたちが、10日は大人たちが引き合う。上組が勝つとその年が豊作に、下組が勝つとその年が豊漁になるといわれ、町の人びとは総出で五色の幣旗を振りながら競いあいを応援する。

　豊臣秀吉が朝鮮征伐のために名護屋城（呼子の西）に滞在したとき、たまたま農夫と漁夫の力比べを目前で演じたのがはじまり、と伝わる。もっとも、綱引きは、古くから各地で行なわれていた年占の行事であり、九州一円で旧暦8月15日を中心に同種の競技がみられた。ただ、その占い方には多少の違いがある。たとえば、男女が分かれて綱を引き、女が勝つと豊年だとするところや、集落同士が競って勝った方が豊年で負けた方が凶年とするところもある。また、勝負を決めても作柄に因縁をつけないところもみられる。

ハレの日の食事

　くんち（供日）料理が広く知られる。たとえば、アラを丸ごと煮つけるアラ料理やタイの姿煮、生け造り、サザエの壺焼など海の幸が主具材となる。「須古ずし」は、ムツゴロウの押しずし。水路が多い佐賀平野一帯では、そこで獲れたフナを昆布巻きにして食べる。ほかにも、「がめ煮」や「栗おこわ」などのくんち料理がある。

　唐津のおくんちでは、通りに面した座敷に酒と料理を置いておき、顔見知りの人にふるまう光景がみられる。

寺社信仰

祐徳稲荷神社

寺社信仰の特色

佐賀県の寺社信仰の一つの中心は吉野ヶ里遺跡などが広がる背振山の南麓で、とりわけ佐賀平野を潤す嘉瀬川（佐嘉川）の上流であったと思われる。川上峡の出口、佐賀市大和町川上に鎮座するのが淀姫様で、肥前一宮の與止日女神社（河上神社）の主祭神となっている。流域の豊饒を司る女神とされ、境内には金精様と崇められる雄大な男根型の石棒も残る。1kmほど下った所には惣座の地名が残り、その南には肥前国庁や肥前国分寺・国分尼寺の跡地が広がっている。

さらに南へ下ると佐賀市街で、佐賀城跡に隣接する佐嘉神社は佐賀藩主10代鍋島直正と11代鍋島直大を、松原神社は鍋島家始祖鍋島直茂（日峯様）を祀り、初詣には多くの参拝者を集めてカノン砲を放つ。

なお、肥前一宮は背振山の南東麓、みやき町の千栗（知利久）八幡宮とも伝える。宇佐八幡宮五所別宮の一で、肥前国総廟と崇められた。

肥前二宮は不詳、三宮は小城市の天山に鎮座する天山神社とされ、岩蔵と晴気に下宮がある。

現在、県内で最も多くの参拝者を集めるのは鹿島市の祐徳稲荷神社とされる。日本三大稲荷の一つで、総漆塗り極彩色の華麗な建築物が立ち並ぶことから「鎮西日光」とも称される。1705年に断食入定した萬子媛（祐徳院）の霊験で古くから信仰を集めた。

以上はいずれも旧佐賀藩領の社寺である。旧唐津藩領では唐津市の加部島（姫神島）に鎮座する田島神社が古くから海上守護の女神と崇められ、肥前唯一の名神大社とされている。浦島・羽衣とともに日本三大伝説に数えられる佐用姫伝説の舞台でもある。

旧対馬藩領では基山町の基肄城跡南麓に鎮座する荒穂神社が式内社で古く、1912年には荒穂神の導きで木原松太郎が基山中腹に中山不動尊を祀り、中山身語正宗を立教している。

凡例　†：国指定の重要無形／有形民俗文化財、‡：登録有形民俗文化財と記録作成等の措置を請ずべき無形の民俗文化財。また巡礼の霊場（札所）となっている場合は算用数字を用いて略記した

主な寺社信仰

唐津神社（からつ）

唐津市南城内。三韓征伐で航海の加護を得た神功皇后が報謝として松浦の浜に宝鏡を縣けて住吉三神を祀ったのが始まりで、後に領主の神田宗次が海浜で得た筺に入っていた宝鏡を社殿を建てて祀ったと伝える。唐津市鏡にある松浦総鎮守鏡神社にも神功皇后が鏡を祀ったとの伝承が残る。1602年、初代唐津藩主の寺沢志摩守広高が唐津城を築く際、現在地に社殿を新築したという。昔は唐津大明神と崇められ、今は一ノ宮に住吉三神、二ノ宮に神田宗次、相殿に水波能女神を祀っている。11月に行われる〈唐津くんちの曳山行事〉[†]は日本を代表する祭礼行事の一つで、一閑張りによる豪華な作り物の風流が引き回される。1819年、伊勢参宮の帰途に京都祇園祭を見て感動した刀町の石崎嘉兵衛が現存する赤獅子頭をつくって奉納、曳山行事の先鞭をつけたという。

呼子三神社（よぶこさん）

唐津市呼子町呼子。呼子の中心にある高台に鎮座。豊前英彦山より彦山三所大権現を勧請したのが始まりで、阿弥陀如来・釈迦如来・千手観音を祀り、呼子三所権現や呼子山妙泉坊と崇められた。現在は天忍穂耳尊・伊弉諾尊・伊弉冉尊を祀る。本殿の裏には山岳信仰の名残として二つの大きな岩が祀られており、裂け目があるほうは陰石、屹立するほうは陽石とよばれている。境内には五神社と八坂神社もある。6月に行われる〈呼子の大綱引き〉[†]は鳥居の前を境に長さ400m、重さ2tの綱を引いて先方（浜組）と浦方（岡組）が勝敗を決する。端午の節供の菖蒲綱の典型例で、雌締に雄締を通してつないだ4本の綱の結び目（御処）を菖蒲・藁束・莚で包み、長さ5m、高さ1mの山として、采配（ジャ）を揮う若衆頭を乗せる。隣の大綱引会館では綱や半被を展示している。

神原八幡宮（かみのはらはちまんぐう）

伊万里市二里町大里乙。欽明天皇の代、当地に「誉田の八幡丸」の霊が出現したため、神功皇后が天神地祇を祀ったと伝える地に、八幡大神を中心として右に天神七代、左に地祇五代を創祀し、後に傍らの丘に仲哀天皇と神功皇后を別宮に祀り「年の宮」と称したと伝える。12月の初卯日前夜に行われる〈神原八幡宮の取り追う祭〉[‡]は、南北朝時代に菊池千本槍で知られた菊池武重が足利尊氏に敗れて当宮の宮司となり、南朝の再起を図るため火中訓練をしたのが始まり

と伝える。地区の男衆が攻守に分かれ、新米を握った833個の御供様を入れた竹籠を守る側が、奪おうとする攻め手に松明の火の粉を浴びせる勇壮な祭で、境内は火の海となる。1864年の旧暦8月1日、当宮に落雷があり、同日に誕生して名を受けた藤山雷太は、藤山コンツェルンの創立者となった。

八幡神社（はちまん）

多久市東多久町別府。1528年、水ヶ江城主の龍造寺家兼が揚武の神として宇佐八幡の分霊を別府荒平山の頂（八幡平）に勧請して創祀し、1567年に龍造寺長信（初代多久領主安順の父）が羽佐間四反田へ遷座したという。昔は多久領三所宗廟の一つとして流鏑馬や浮立が盛んだったと伝え、今も別府一区の人々が10月の供日に白い鬼の面や男面・女面をつけて面浮立の演舞を奉納している。1881年に唐津街道を挟んで木下酒造の向かいの現在地へ遷座した。木下酒造は1868年に多久領の大庄屋であった木下平兵衛が創業し、1965年頃まで暖地醸造を続けた。同地の大平庵酒蔵資料館には、木下家が20年余を費やして収集した〈肥前佐賀の酒造用具〉†2,334点が保存されている。社頭には日本電気工学の祖である志田林三郎の生誕地もある。9月に例祭と戦没者慰霊祭を営む。

熊野神社（くまの）

佐賀市蓮池町見島。有明海の干拓地に鎮座。1639年に蓮池城に入り蓮池藩の初代藩主となった鍋島直澄が、夏になると井戸水に海水が混入して城下町に疫病が絶えなかったことから、参勤交代の折に紀伊国の熊野権現を勧請し、鎮守として祀ったのが始まりと伝える。以後、疫病が途絶えたことから、より一層の権現の加勢を祈念して始められたのが、2月に行われる〈見島のカセドリ〉†であるという。白装束に蓑と笠を付けて神使の加勢鳥（雌雄番の鶏）に扮した青年2人が、先を細かく割った長さ約2mの青竹を持ち、拝殿に走り込んで床に激しく竹を打ち鳴らし、拝殿での神事を終えると区内の家々を順番に訪れては竹を床に打って悪霊を祓い、家内安全や五穀豊穣を祈願する。昔は旧暦1月14日の夜に行われた小正月行事で、若者は加勢鳥を務めて一人前と認められた。

四阿屋神社（あずまや）

鳥栖市牛原町。国史跡「勝尾城筑紫氏遺跡」の城山の入口、楠や椎の茂る杜に鎮座する。昔、日本武尊が熊襲征伐の折、父の行宮があった狭山郷に四阿屋を建てた故事に由来して、里

III　営みの文化編　111

人が尾張国の熱田神宮から日本武尊の分霊を勧請し、産土神として創祀したと伝える。『類聚符宣抄』の920年にみえる東屋明神と推定され、勝尾城主筑紫広門の起請文には東屋六所権現とある。江戸時代には養父郡の惣社となり、鳥居には高良山座主寂源の書で四阿屋宮と掲げられた。後に住吉明神、志賀明神、大山祇尊（山神社）、豊受大神（田代神社）を併祀。旧暦2月15日の神幸式には郡内の村々が風流舞や羽熊行列を奉納したが、現在は4月に〈牛原の獅子舞〉があるのみで、鉦浮立は4月に宿町の船底神社で、〈四阿屋神社の御田舞〉‡は10月に蔵上町の老松神社で奉納されている。

昌元寺 　鳥栖市田代上町。天台宗。九州49薬師48。鐘楼門を潜ると手入れの行き届いた境内が広がり、本堂裏手には心落ち着く庭園や写経道場がある。茶室の道心庵は日本天台宗祖最澄の謹言「有道心人名為国宝」に基づく命名であろう。光林山と号し、本尊は阿弥陀如来。対馬藩田代領の中心地に建ち、藩主の位牌所であった。以前は田代発祥の地である田代昌町（昌元寺町）にあったと伝える。田代は対馬藩の代官所と長崎街道の宿場が置かれて繁栄し、多くの商店や旅籠が軒を連ねた。特に薬業が発達し、〈田代の売薬習俗〉‡は「内服薬は越中さん、外用薬は田代売薬」と称されるほど人気を集め、1847年には「サロンパス」で有名な久光製薬が創業、1995年には中冨記念くすり博物館が開館している。

志賀神社 　佐賀市川副町早津江津。有明海沿岸地方の総守護神として筑前志賀海神社から分霊したのが始まりという。有明海は干満差が激しく、干潟漁を含む特殊な〈有明海漁撈習俗〉‡が伝統的な〈有明海漁撈用具〉†（佐賀県立博物館蔵）によって営まれてきた。境内には有明海航行の神と崇められる沖ノ島の御髪大明神の石祠もある。1658年、佐賀藩2代藩主鍋島光茂が社殿を整備。1865年には佐賀藩10代藩主鍋島直正が当社に大願成就を祈願した日本初の国産実用蒸気船が竣工した。東隣にある三重津海軍所跡は日本海軍発祥の地となり世界遺産に登録され、日本赤十字社を創設した佐野常民の記念館もある。現在は黒髪山の大蛇を退治した源為朝や、干珠神の応神天皇、太宰府天満宮から分霊した菅原道真なども配祀され、境内には公に尽くした氏子を祀る祖霊社が建つ。

白鬚神社 　佐賀市久保泉町川久保。5〜6世紀に花納丸古墳や関行丸古墳が築かれた里に鎮座。古代に近江国から移住して当

地を拓いた19家が近江吹下（打下か）から白鬚大明神の分霊を勧請して祀ったのが始まりという。現在は猿田彦命を祭神としている。草分けの19家は代々「～丸」という姓を称することから「丸持ち」の家とよばれ、彼らが旧暦9月19日に宮座を組んで先祖祭と併せて営む神社の例祭は「丸祭」とよばれた。現社地は中宮（籠り堂）で、昔は北の鈴隈山に上宮、宝月寺付近に下宮があり、下宮の石鳥居から道行をして、人家幣や日月餅などの供物を各19個用意して70の御膳に乗せて供えたという。丸祭は1958年に途絶えたが、〈白鬚神社の田楽〉†〈十二田楽〉は今も伝承されており、10月18日・19日に女装して花笠を被った稚児らがツキサシやサザレスクイなど6曲を華麗に舞う。

磐井八幡神社　武雄市朝日町中野。1577年、武雄領主20代の龍造寺（後藤）家信が塚崎（武雄）城に入る際、佐賀の龍造寺八幡宮から分霊を勧請奉祀したのが始まりという。大きな独立丘をなす当地は13世紀に後藤氏の館があった地で、6世紀に筑紫君磐井が砦を築いた地とも伝える。中野の氏神として、6月30日に通夜（大祓）、田植え後に田祈禱、7月15日に夏祭、9月彼岸中日に彼岸籠り、11月30日に神待通夜（宮籠り）が行われる。彼岸籠りに奉納される荒踊は、市内の東川登町袴野宇土手にある正一位神社に奉納される荒踊、西川登町神六高瀬にある松尾神社に奉納される〈高瀬の荒踊〉‡とともに〈武雄の荒踊〉†と総称される。荒踊は16世紀に足軽が戦勝祝いに披露した即興の踊が始まりとされ、宇土手と高瀬は力強く素朴で武道の型を思わせるが、当社の踊には優美さもある。

竹崎観音　太良町大浦。九州西国22。多良岳東麓に浮かぶ竹崎島に建つ。行基が自刻の千手観音像を安置して開き、平安時代に京都の仁和寺末になったと伝える。行基七観音の一つ。沖合が三角波の生じやすい難所であることから航海守護の信仰を集め、また海上交通の要衝であったことから有馬氏や龍造寺氏が寺前に城塞を築いた。境内には14世紀前半頃作の近江様式三重塔や1525年作の六地蔵が残る。1月の円座祭、2月の星祭、4月の甘茶祭、5月の流れ灌頂、8月の胡瓜封じ、9月の蟹供養など民俗の宝庫でもある。なかでも年頭の〈竹崎観世音寺修正会鬼祭〉†は、中世以前の面影を留める〈竹崎鬼祭の童子舞〉や、裸の若衆による古風な鬼追いなど、追儺の古式を伝える。地元では観音堂の箱

Ⅲ　営みの文化編　113

の中の鬼と夜灯鼻沖の鬼が会うと島が転覆するので、これを阻止する祭という。

天子神社

鹿島市音成。顕宗天皇元年、有明海に突き出た岬の丘に創祀されたと伝える。往古は日出岡神社と称され、近隣7浦の鎮守社として祭には七浦郷中が通夜参籠奉仕する大社であった。後に日向国高千穂から瓊々杵尊を分祀して主祭神にしたという。1873年に村社となり、付近の無格社を合祀して大山祇命、武甕槌命、経津主命、菅原道真の4柱を祭神に追加した。9月の供日（秋祭）には鬼（掛打）が踊る〈音成の面浮立〉‡が奉納される。面浮立は佐賀県を代表する民俗芸能で、その最も古風を伝えるのが当社である。北九州には皮浮立や行列浮立などさまざまな浮立が広く分布するが、南隣の太良町には演劇的な浮立の〈川原狂言〉‡が伝わり、9月の供日に太良嶽（多良岳）神社で奉納されている。

伝統工芸

伊万里・有田焼

地域の特性

佐賀県は、九州北西部に位置し、東は福岡県、西は長崎県と接し、北は玄界灘、南は有明海に面している。海をわたってくる大陸の文化の刺激を受けて、陶磁器やガラス、絨毯などきわめて質の高い伝統工芸を発達させた地域である。ただし、やきものに適した磁石や陶土、木綿などの原材料と、工芸を運営した江戸時代の各藩や職人の存在がその発展を支えていたと考えられる。

佐賀県西部を流れる松浦川沿いの武雄市、有田町、伊万里市、唐津市は、やきものの原料となる石や土のある地域である。中国に源流を発する陶磁器の技法が、主に朝鮮の陶工が玄界灘をわたることにより、この地の資源と出会い、「伊万里・有田焼」や「唐津焼」など日本を代表する陶磁器に育まれていった。

中国由来の「鍋島緞通」は、佐賀市の有明海に面した地域で、佐賀藩が干拓した地で栽培されたワタを用いてつくられるようになった。

武雄市の西川登地区では、豊富なマダケやハチクを用いた細工物が、農家の副業として始められ、地場産業にまで発展した。その技法は「西川登竹細工」に受け継がれている。温暖で実り豊かな佐賀県では、進んだ工芸の技を受け入れ、自然の素材を活かした伝統工芸が伝承されてきた。

伝統工芸の特徴とその由来

佐賀県の伝統工芸の特徴の一つは、陶磁器の先進地という点にある。有田では、日本で初めて陶石が発見され、磁器の制作が始まる。赤絵の絵付けに成功し、西欧市場に進出した。現在では、最先端の技術と伝統技法の両輪を駆動させている。

佐賀県西部を治めていた唐津藩は、盛んに生産されていた陶器が磁器の

Ⅲ 営みの文化編

隆盛につれて衰えたときに、藩の御用窯として茶湯を焼かせ、伝統を守ったとされている。

幕末の佐賀藩は、西洋の科学技術を導入したが、その過程でガラスの伝統工芸「肥前びーどろ」の技法が開発される。

県南の有明海に面した鹿嶋市では、この地を治めていた鍋島家の御殿の女性たちにより、今はパーティーバッグなどに仕立てられる織物、「佐賀錦」が生まれ、洗練されていった。

江戸時代の藩の管理能力と国内外の高い要望に応える職人や商人の活躍が、佐賀県の伝統工芸の基礎を築いた。400年を経ても、伝統を革新し創造を実践する知識や経験が蓄積された地域なのである。

知っておきたい主な伝統工芸品

伊万里・有田焼（伊万里市）

伊万里・有田焼は、豊臣秀吉による文禄・慶長の役（1592〜97年）で、朝鮮に出兵した鍋島藩主鍋島直茂が多くの陶工を連れ帰り、自国でやきものに従事させたことに根源がある。その中の一人、李参平が1616（元和2）年、有田泉山に良質の陶石を発見し、上白川天狗谷に窯を築いて磁器を焼成したのが有田焼の発祥とされる。その後この地では、藍で模様を描いた白磁染付を焼く窯が次々と築かれ、佐賀藩の重要な産業として成長する。皿山と呼ばれた陶業地でつくられた有田焼は、隣接する伊万里の港から船積みされたため、「伊万里焼」の名で全国に広まった。「古伊万里」というのは、江戸時代につくられた「伊万里・有田焼」の総称である。

様式の変化をみると、1640〜50（寛永17〜慶安3）年代は、初期色絵の時代で、染付に赤、緑、黄などの色がつけられ始める。そして1670（寛文10）年代に名工、酒井田柿右衛門が現れ、濁し手と称される乳白色の素地に、余白をたっぷりと残し、赤、緑、黄などで彩色した大和絵風の上絵付は「柿右衛門様式」と呼ばれる。この精緻で華麗な作品は、オランダの東インド会社を通じてヨーロッパに大量に輸出された。この様式は、30年間にわたり大流行したが、元禄年間（1688〜1704年）には下火となった。

次に台頭したのが、藍色と金、赤、緑、黄を基本色に、多彩な色をつけ、金彩や銀彩などで絢爛豪華な装飾を施した「古伊万里金襴手様式」だった。濃厚な赤や金絵具を多用し、器面を対称的な構図で埋め尽くした華麗さが

特徴だ。これもヨーロッパや国内の富裕層向けに制作されたが、次第に多様な階層向けの様式として普及した。

　佐賀鍋島藩が行う禁裏・幕府への献上・贈答品は、当初は有田の窯場で焼かれていたが、延宝年間（1673〜81年）に伊万里市の大川内山に移され、その独特の作風を「鍋島様式」という。技法には、染付と赤、黄、緑を基調とした「色鍋島」、藍色で精緻な文様を描いた「藍染付鍋島」、自然な青翠色の「鍋島青磁」、また「墨弾き」といって白抜きで文様が描かれたものがある。しかし、この様式は、明治維新の頃まで一般庶民とは無縁だった。明治時代以降は、ヨーロッパの技術が取り入れられることで近代化がすすみ、現代は、伝統的な美術工芸品や食器のほか、工業用途の磁器やセラミックスなどさまざまな製品をつくっている。

唐津焼 <small>からつやき</small>（唐津市）

　唐津焼の特徴は、地元の土と朝鮮伝来の作陶の技にある。松浦川水系粘土などを古唐津の伝統的な技法で成形し、登り窯で焼成したとき、絵の具や釉薬の変化に富む意匠が現れる。

　成形の伝統的な技の代表は「叩き」である。紐状にした土を回し積み成形した器の内側に当て木を入れ、外側から板で叩く。土はしっかり締まり、叩いた跡は器肌の味わいとなる。

　意匠の技法は多様である。「絵唐津」は、「鬼板」といわれる鉄分を含む絵の具による絵付けの技であり、のびのびとした草木の表現などに魅力がある。「朝鮮唐津」は、黒色になる鉄釉と白色になる藁灰釉とを器の上下に掛け分けることにより、重なる部分に微妙な色の混じり合いが出現する。

　唐津焼の起源は、やきもの戦争といわれた豊臣秀吉による文禄・慶長の役よりも古いとされる。朝鮮系の窯が各地に築かれ、その後に戦争で連れて来られた陶工の技術も取り入れて生産量が増したと考えられている。

　唐津焼は、唐津港から積み出され、京都・大阪方面ではやきものを「からつもの」と呼ぶほどになった。その後、磁器の生産に押されるなど衰えることもあったが、茶道において「一井戸二楽三唐津」といわれてきた地位は揺るがず、愛好者に支えられて原点を見失わず未来へ向かっている。

肥前びーどろ <small>ひぜん</small>（佐賀市）

　肥前びーどろ最大の特徴は、「ジャッパン吹き」と呼ばれる宙吹き技法にある。一般的な宙吹きに用いる鉄の吹き竿ではなく、ガラスの友竿で、「肥前かんびん」や「長崎ちろり」など注ぎ口のついた品物をつくる。口をつける工程では、2

本の竿を巧みに操るので、二刀流とも呼ばれる伝統技法である。鉄に触れることなく操られたガラスは、高級感漂う注器となる。原料は珪砂。注ぎ口は、すらりと伸びてなだらかなカーブを描き、全体の佇まいは滑らかで温かみを感じさせる。コバルトを入れた場合、群青色の色合いは深く優しい。

そのルーツは江戸時代末期にある。佐賀藩は、17歳の鍋島直正が第10代藩主になったときには、幕府の命による長崎警備の費用や台風被害による出費などにより、財政破綻に瀕していた。直正は、次第に藩の支出削減や借金の処理、人材登用に加え、西洋技術も導入し、藩財政の立て直しをはかった。1852（嘉永5）年には、理化学研究所を設置し、佐野常民を主任に登用した。目的は大砲鋳造であったが、実験用のビーカーやフラスコの製造のために築かれたガラス窯で、暮らしに使う金魚鉢・薬瓶・酒瓶なども製造されるようになり、技術が磨かれていった。

明治時代には、ランプや食器をつくるようになった。ガラスの製法は研究所から独立した企業に継承され、現在に至っている。伝統の肥前びーどろの品々だけでなく、虹色に輝く新作などにも取り組み、自宅用や贈答品として喜ばれる作品づくりが続けられている。

鍋島緞通（佐賀市）

「緞通」は中国語の「毯子」の転といわれ、中国の絨毯を表す。ペルシャ絨毯より厚く、小型で部分敷きにするものが多い。鍋島緞通は、大きな牡丹の花をカニのハサミではさみ込むように葉で囲む「蟹牡丹」などの伝統柄が魅力的である。基本は畳1枚の大きさのものを、空間に合わせて同じ図案で揃えたり、別の柄と組み合わせたり、単体で敷いたりする。

佐賀市にある「緞通碑」によると、扇町の農家古賀清右衛門が絨毯の製法を知る使用人に学び、周囲の人々にも伝授した。鍋島藩は、この「扇町紋氈」の一般の売買を禁じ、将軍家や御所に献上した。藩では有明海を干拓し、ワタを植えて土壌の塩分を抜き、水田化を進めていたので、栽培したワタから上質な綿花を取り緞通に用いた。

鍋島緞通は、垂直型の織り機に糸を張り、図案に基づいて糸を絡ませて切り、叩き締め、糸を切りそろえ1段1段繰り返す手作業でつくられる。畳1枚分に1カ月以上かかるが、完成した密度の高い木綿の緞通は高温多湿な日本の暮らしに快適な肌触りで寄り添う優雅な調度品となる。茶室や座敷に風格を添える力をもつが、ごく小振りの1枚を住宅の玄関に置くと、

家人を見送り、迎える優しい顔をみせてくれる。

佐賀錦 (佐賀市)

佐賀錦は、金、銀、漆を貼った和紙を細かく裁断した経紙と、絹の撚り糸を染色した緯（横）糸を、織り台と竹のヘラを用いて丹念に織り上げ、パーティー用のバッグや草履、財布、アクセサリーなどに拵える。網代、紗綾型、菱などの伝統紋様は絢爛豪華で気品に満ち、目にした者の印象に残る。

非常に根気のいる技法は、肥前鹿島藩鍋島家の御殿女中たちに受け継がれたものである。伝承によれば、1800（寛政12）年に藩主の妻が病床で見た天井の網代組みの美しさに惹かれ、身近なものに取り入れたいという思いを、そばに仕える者が、紙縒りで網代組みをつくり、小物に仕立てて慰めたのが発端であるという。

御殿では、紙縒りを紙の糸から金箔糸や絹糸と替えることにより、輝きのある織物が創出された。参勤交代の際に幕府に献上されることもあった。明治時代の廃藩により御殿は消滅し、錦織も絶えようとしたが、消滅を惜しむ大隈重信の後援により、ロンドンの日英博覧会に「佐賀錦」の名称で出品して好評を博し、改めてその技法が受け継がれることとなった。現在は、佐賀錦振興協議会などを中心に伝承されている。

西川登竹細工 (武雄市)

西川登竹細工は、佐賀県の西、長崎県に接する武雄市の西川登地区でつくられる竹工品である。笊や菓子器、花篭など、美しく使い勝手のよい実用品をつくっている。特に、「おこしもの」と呼ばれる技法には定評がある。幅のある竹ひごを敷き、曲げ起こして細い竹ひごで編む。弁当箱やサンドイッチ用の篭などにみられる、丁寧な細工と端正な姿には気品がある。

主にマダケを用いるが、ハチクやクロチクも使用する。竹は、水で洗い汚れを落としてから、鉈包丁で4等分に3回割り、16本にしたら表皮を薄く剥ぎ、その表面を削って平らにする。ひごを必要な幅に仕上げ、底から側面、縁周りへと編み組んでいく。

古くから自家用の道具づくりを始め、農家の副業、そして産業へと竹細工を発展させた。そうけと呼ばれる農家で使う大きな笊や米研ぎ笊の評判は高く、明治時代初期には農家の副業となり、需要が増し、炭鉱の用具や軍需品としても出荷された。

Ⅲ　営みの文化編　119

民　話

地域の特徴

　佐賀県は、南北を海にはさまれ、北には冬の波が荒い玄界灘、南には最大で6mという全国一の干満差をもつ有明海を有している。また、有明海に面した県中央部に広大な佐賀平野、その北になだらかな脊振山地、西部には肥前風土記の歌垣山で有名な杵島丘陵、その南には多良岳がそびえる。北部の唐津地域には上場台地が広がり島嶼も多い。

　古代においては、日本最古の水田跡が発見された唐津の菜畑遺跡や弥生時代の大規模環濠集落である佐賀平野の吉野ヶ里遺跡、各地に残る朝鮮式山城など、大陸との深い関係を物語っている。

　中世においては、南部では在地の武士たちが次第に力をつけ、戦国大名龍造寺隆信は一時「五州二島の太守」と呼ばれるほどになった。北部では海の武士団松浦党が勢力を広げたが、文禄・慶長の役の頃には主に地理的な理由から出兵の拠点となり、肥前名護屋城が築かれた。

　江戸時代においては、南部の佐賀藩では、龍造寺家から鍋島家への政権移譲が平和裏に行われ、藩主鍋島氏による安定した支配が長く続いた。北部の唐津藩では譜代大名の交替が続いたことにより、不安定な支配体制下で町人文化が栄えることとなった。なお、佐賀県東部の鳥栖市田代と基山町一帯は、対馬藩（宗氏）の飛び地として残った。

　こうした地理的、歴史的背景のもと、佐賀県を代表する伝統工芸品の「有田焼」や「唐津焼」が生まれた。また、2016年に「唐津くんち」が、2018年には「見島のカセドリ」が、ユネスコ無形文化遺産に登録された。

伝承と特徴

　佐賀県内における本格的な民話採集は、1968（昭和43）年の國學院大學による調査に始まる。その後、宮地武彦を中心に佐賀民話の会などの活動により、現在までに少なくとも2万話を超える話が採集されている。

伝承の形式は、語り収めに特徴があり、県南部の佐賀平野部（鍋島藩領）では「そいばっきゃ」や「そいまっきゃ」、県北部の唐津市周辺（唐津藩領）では「そいばっかり」が話の最後に付く。

語りの場は、寝床や囲炉裏端が多いが、佐賀市大和町名尾地区では正月用の干し柿をつくるための柿むきの場（柿むき話）、西松浦郡有田町では焼物を作る際の絵付け作業の場（絵描き座話）などがみられる。

100話以上の語り手は、843話を語られた嬉野市塩田町の蒲原タツエや、234話を語られた伊万里市橘町の松尾テイがいる。二人は県南部と北西部とに離れているが、同年齢であること、蒲原タツエが話を聞いた嫁ぎ先と松尾テイの育った土地が同じ嬉野市塩田町であること、両者の話の中に多数みられる語り収め「チャン、チャン」は県内ではこの二人だけであることなど共通する点が多く、語りの伝承経路がどこかで繋がっている可能性がある。

その他の特徴としては、昔話では、後述する「継子と尺八」「初歩き」などにみられるように習俗由来に結びつく話が多い。北部の唐津藩領では勘右衛門話などの笑話が多いが、南部の鍋島藩領では継子話などの本格昔話が多い。また、伝説では、県中央部では「徐福伝説」、北部では「松浦佐用姫伝説」、西部では「鎮西八郎為朝の黒髪山大蛇退治伝説」の話が広範囲な伝承圏を有している、ミソゴロウなどの巨人伝説が南部の多良岳、北部の島嶼部、東部の鳥栖地方など周辺部にみられる一方、中央部では楠の巨木伝説がみられる。世間話では、狐や河童に騙される話の中に、報恩譚のような昔話的要素をもつものもみられる。

おもな民話（昔話）

潮水鳥の親不孝
有明海沿岸部でのみ伝承されている動物昔話である。有明海の潮水鳥の子供が親の反対ばかりしていた。親は死ぬ間際に、山に埋めてもらいたいので「海に埋めてくれ」と言った。子供は後悔して「親が死んだ時だけでも親孝行しよう」と言って、海岸に埋めた。それで、潮が満ちてくると墓が沈んでしまうと心配し、飛び上がって鳴くという（『新佐賀市の民話』）。

この話は、県内ではほとんど、蛙が雨の降る前に鳴く由来として伝承されているが、有明海沿岸部（特に干拓地）だけは、潮が満ちてくると干潟

に生息する鳥が飛び上がって鳴く由来となっている。現在、佐賀市諸富町、川副町、東与賀町、久保田町、小城市芦刈町などの有明海沿岸部の干拓地を中心に伝承が確認されている。また、伝承地によって鳥の名前が異なっており、例えば、本話の東与賀町では「潮水鳥」であるが、隣の川副町では「チョウヒン鳥」などになっている。

継子と尺八

継子話の中でも特に伝承度が濃い話である。父親が仕事で京都に行っている間に、継母が継子に次々と難題を与え、最後には沸騰している釜で娘を茹で殺す。娘の死体の側に竹を植えたところりっぱな竹になった。通りかかった虚無僧がその竹で尺八を作り、京都に行って吹いたところ、「お母さん恋しやチンチロリン、お父さん恋しやチンチロリン」と鳴った。その音色を父親が聞き、急いで家に帰って継母に問いただし、継母を離縁した（『大和町の民話』）。

この話の釜茹での場面は、「味噌豆は七里立ち戻っても食べるもの」（意味は、味噌豆を炊いた時は他の人にふるまわないといけない）という佐賀の「諺」と深く結びついている。また、尺八の音色は、調査の際、この音色を問いかけるだけでこの話が出てくるほど、語り手の記憶に深く刻まれている。他に県内でよく聞かれる継子話は、継子と実の子に歌詠みを競わせる「継子と皿々山」、継子に穴の空いた袋を持たせ椎拾いに行かせる「継子の椎の実拾い」がある。

初歩き

『日本昔話大成』の「蛇婿入り―水乞い型」に属するが、結末がハッピーエンドで終わる全国的にみても珍しい話である。

旱魃の時、長者が「雨を降らしてくれたら3人娘の1人をやる」と独り言を言うと、それを聞いた蛇がすぐに雨を降らして娘をもらいにくる。長者が長女と次女に話すと「人間でないなら嫁にはいかん」と言うが、末娘は「困っていたのを助けてくれたのだから蛇でも行く」と言う。迎えの馬車は飛ぶよりも早く暗闇の中を行き、大きな山の麓の立派な屋敷に着く。三日目の初歩き（初めての里帰り）の時、姉達は「一度は約束を果たしたのだから（嫁ぎ先に）帰らなくていい」と言うが、末娘は「嫁になった以上は帰る」と言い、その日のうちに帰る。すると、蛇がのたうち回り苦しんで脱皮しようとしていた。末娘はそれを見て可哀そうになり涙を流す。その涙が蛇にかかり、蛇は立派な若者になった。それから、初歩きの時は泊まってはいけない、と言うようになった（『蒲原タツエ媼の語る843話』）。

語り手の蒲原タツエが「ハイカラな話」と言っているように、この話には日本の異類婚姻譚にはない新しさが感じられる。

子育て幽霊

出産にまつわる話として県内全域で伝承されている。女の人が飴を毎晩買いにくるので、店の人が後をつけると墓の中に消えた。墓を掘ってみたら、墓の中で赤ちゃんが飴を舐めて生きていた。このため妊婦が死んだら赤ん坊は出して埋めないといけない、と言うようになった（『鳥栖の口承文芸』）。

この話は県内では、「妊婦が死んだ時はお腹の子は出してから埋めなければならない」とする習俗由来として語られる。話の中に出てくる飴は、佐賀市周辺部では「飴ガタ」といわれる産後の肥立ちに食べる滋養食（乳飴）である。この飴ガタを売る店が今でもあり、数世代前に実際あった出来事として世間話風に語られることも多い。

泥鰌汁（勘右衛門話）

県北部の唐津市を中心に広範囲の伝承圏をもつ佐賀県を代表する笑話である。村の若者が集まって泥鰌汁をしていると、外からカンネさんの「こぼれそうだから早く戸を開けてくれ」と叫ぶ声がする。戸を開けると、「寒くて涙がこぼれそうだ。豆腐を持ってきたので俺も加えてくれ」と言う。豆腐を鍋の中に入れると豆腐の中に泥鰌が全部潜り込んでしまった。カンネさんは「用ができたので帰る。豆腐は俺が持ってきただから持って帰る」と言って帰ってしまい、残ったのは汁だけだった（『厳木の民話』）。

勘右衛門話は頓智話から愚か者話まで多種多様な話を内包するが、その中でもこの話は特に人気がある。唐津の旧市街地では、裏町の長屋に住んでいた実在の人の話として話されている。なお県内では、勘右衛門話と同様な話が、太良町の善衛門話やみやき町の横道孫兵衛話などにもみられる。

おもな民話（伝説）

三谷城の松

日本三大歌垣の一つである杵島山を舞台にした松の精と三味線引きの娘の悲恋物語である。歌垣山の盆踊りで笛を吹く青年と、三弦を弾く娘が出会い恋に落ち、二人は毎晩、歌垣山の松の根元で逢瀬を重ねた。翌年の夏、大洪水で六角川にかかる馬田橋が流されると、その松の木で橋をかけることになり、ある夜青年は悲しげな声で、自分はこの松の木の精で、まもなく切り倒されると娘に告げる。切り倒さ

Ⅲ　営みの文化編

れた松の木は少しも動こうとしなかったが、娘の手が触れるとサラサラと山を下り、立派な橋になった（『蒲原タツエ媼の語る843話』）。

この話は異類婚姻譚として昔話（「木魂聟入」）にも分類されるが、本話では杵島山麓を舞台とした本格的な伝説になっている。また、ストーリーが京都の三十三間堂（蓮華王院本堂）のおりゅう柳の話とよく似ており、特に愛しい人の手により木が動く場面の一致は、偶然とは言い難い。杵島山が長嶋荘という蓮華王院領の荘園に近いことや、和泉式部の出生伝説が伝わる福泉禅寺、平重盛の供養塔のある水堂安福寺が近くにあることなど、京都との繋がりを感じさせてくれる。

徐福伝説

県中央部の佐賀市を中心に広い伝承圏をもつ伝説である。

徐福さんは秦の始皇帝の命で日本に不老不死の薬を捜しに来た。有明海から浮盃（佐賀市諸富町）に上陸し、そこに茂っていた葦をかき分けて上陸したので、そこの葦の葉は今でも左右に分かれている。井戸を掘って手を洗った所は寺井（手を洗った井戸）と言う。その後、金立山（佐賀市金立町）に登られた（『諸富の民話』）。

徐福の話は全国各地にあるが、県内では主に県中央部の佐賀市諸富町や同市金立町を中心に伝承されている。この話は有明海に近い諸富町の話であり、主に片葉の葦や地名の由来などを説明するだけであるが、内陸部の金立町では、悲恋話なども加わり物語風になっている。

松浦佐用姫伝説

万葉集にも歌われている全国的にも有名な話である。松浦佐用姫は、韓の国に向かう大伴狭手彦と恋仲になったが、一緒に行けず、山の上から船が見えなくなるまで領巾を振って見送った。その領巾を掛けたのが領巾掛松で、山の名は領巾振山（鏡山）。その後、山から飛び降り松浦川を渡る時に、狭手彦から貰った鏡や短刀を落としてしまった。濡れた衣を干したのが衣干山。そして、呼子の加部島まで行くと、病気の体をおして天童岳に登り、頂上でとうとう石になってしまった。それが佐用姫石である（「Web版 佐賀の昔話」）。

県内では、この話のほかに、佐用姫は狭手彦を追って船出したが遭難し、遺体が伊万里湾に流れ着いたとする話や、狭手彦を見送った後、狭手彦に化けた鏡山の蛇が毎晩忍んできたとする話も伝承されている。前者は、伊万里市山代地区に伝承されており、地域を流れる川を佐用川というなど、地域に根付いた話となっている。また、後者は奈良時代の『肥前国風土記』

に出てくる話と同じ内容で、伝承の古さを感じさせる話である。

おもな民話（世間話）

野狐に化かされた話

「野狐」は狐の方言。県下全域で体験談としてよく聞かれる世間話の一つである。筑後川の近くにある川の土手を夕方通っていたら、川の中から大きな音がする。「ありゃぁ、魚が本当にいっぱいいる。ひとつ捕ってやる」と言って、川に入って捕まえようとしたら木の株や泥だった。土手に上がったら、そこに置いていた重箱の中の物は全部なくなっていた（『三根の民話』）。

佐賀平野部では、この話のように、川の中で魚が大きな音を立てていたとか、釣った魚がいつの間にかなくなっていたとする話をよく聞く。また、祝儀の帰りに重箱のおはぎが泥饅頭に変わっていたなどとする話も多い。一方、同じ狐に騙される話でも、難産の狐が人間に化けて産婆さんを呼びにくる話（「野狐の難産」）では、お産のお礼に貰ったお金が本物であったとするものも多く、世間話に報恩譚的要素が加わり昔話化しているようでもある。

河童と相撲

同じく、県内全域でよく聞かれる世間話の一つである。河童が人間に化けてきて、「相撲とろう」と言って近づいてきたが、近くまでくると、「お前は、仏さんブックウ（仏壇に上げた御飯）を食べているので、相撲は取れない」と言って逃げていった（『杵島山周辺の民話』）。

河童は、県南部の佐賀平野部ではカワソとかカワッソという。この話に似た話として、河童に礼をさせ頭の皿の水を落とさせて、相撲に勝ったという話もある。また、医者の奥さんが河童の手を引き抜き、返してやる代わりに骨接ぎの秘伝を教えてもらったという話も多い。後者は、県内では鳥栖市の田代地区を中心に広まった製薬や売薬業が、伝承の広がりに一役買っているのではないかと考えられる。

Ⅲ　営みの文化編

化け猫

地域の特徴

佐賀県は九州の北部、長崎県と福岡県の間に位置する県である。かつては長崎県とともに肥前国を構成していた。

県北は玄界灘に面してリアス式海岸が地図上の輪郭線を描く一方、県南には日本最大級の干満の差を生じる有明海の干潟が広がっている。有明海から県央にかけては沖積平野である佐賀平野が広がるが、この平野の一部は干拓により有明海が姿を変えたものでもある。

県南部に平野が広がる一方、県西部、県北部から東部地域にはそれぞれ多良岳山系、背振山地という、標高1,000m級の山々が連なっている。背振山地の東端、背振山は、平安時代中期の天台宗の僧侶・性空が修行に励んだ山としても知られており、背振山地は密教僧の修行の地でもあった。

「佐賀」という地名の起こりについては、『肥前国風土記』に記載される、暴れ川を鎮めるのに土人形を以て神を祀ることを提案した二人の賢女(さかしめ)に由来する説などがあり、そのいずれもが古代へのロマンを多く含んだものである。古代ロマンといえば松浦佐用姫(まつらさよひめ)の伝説も興味深い。古代、新羅に渡った恋人の帰りを待ち焦がれる佐用姫という女性が唐津にいたが、しばらくするとその恋人そっくりの男性が夜ごと通ってくるようになる。男の正体は山中の沼に住む蛇であったが、そのために佐用姫は沼の底に死体となって発見される。異類婚姻譚のなかでもかなり古い部類の話なると考えられるが、このような古代の伝説が後世の伝承に与えた影響についても考えておかなければならないだろう。

伝承の特徴

県下では狐や河童などの素朴な妖怪の話が広い範囲で聞かれる。特に狐に関しては本人、あるいはそれに近しい立場の人間の体験談として語られていることが注目に値する。聞き取りの豊富さから、現代にかなり近い時

期まで狐が人を騙すことが盛んにあったような印象を受ける。

　河童についての伝承も多いが、やはり分布するのは平野部、積極的に河川の改修、水路の掘削を行った地域のようである。人による水支配の試みと挫折、あるいはその更なる克服から河童のイメージが生じてきたとみることもできる。ただ、河童については春日大社の造営に携わった人形たちの成れの果て、それが肥前に移り住んできたという伝説もあり、そのような特殊な伝承が生じた歴史的背景も考慮する必要がある。

　一方で山間部には大蛇や化け蛇についての伝承がみられる。祈禱僧や盲僧の活躍が語られることが多いが、そこから修験や座頭などの伝承の運び手の姿も想定すべきかもしれない。

主な妖怪たち

鬼　唐津市北波多村にある山、岸岳には武内宿禰（すくね）の末裔という鬼が棲んでいたが、渡辺綱の子、渡辺久によって滅ぼされたという（『北波多村史』自然、集落誌・民俗編）。多久市にある山、鬼の鼻山は、その名のとおり鬼がつくった山とされる。鬼がこの地の鎮守に「一晩で美しい山をつくれるか」と問われた際につくった山だが、鶏をまねた鎮守の声に引き上げた結果、鼻のような形の山になったと伝わる（『多久市史』第5巻民俗編）。また、鳥栖市石谷山には鬼が村人たちと抱えられるかどうかの賭けをして負けた巨石が残る。その際の爪痕が残っているため「鬼の爪跡石」とよぶ（『鳥栖の歴史読本』）。

河童　地域によってはカワソウともよぶ。広大な佐賀平野には灌漑用水が張り巡らされてきたが、平野を網目状に走るこの堀には河童の話が多く残されている。小城市小城町では堀に入るとカワソウから足を引かれる、尻の穴から手を入れられ、ジゴ（内臓）を抜き取られるなどといわれ、子どもは堀に遊びに行くことをたしなめられた（『小城の口承文芸』）。県下では5月頃に川祭りを行う地域が多い。川、あるいは堀端に設けられた洗い場に、野菜、果物、飯などを備える。川や堀に落ちないように、河童に狙われないようにという意味合いが込められている（『佐賀市史』第2巻）。県西部武雄市にも興味深い河童の伝承が残る。橘諸兄の子孫、橘島田丸は奈良の春日大社造営の任にあたったが、その際、配下に99体の人形を加持で童子の形となして使役する者があり、このおかげで工事は

Ⅲ　営みの文化編　　**127**

滞りなく終えることができたが、人形は川に捨てても従前の如く動き続け、人畜を害するようになったという。河童の始まりはこの捨てられた人形だとされる。島田丸が勅命を以て水辺に呼びかけた結果、河童の害は起こらなくなった。島田丸の務めていた役職は兵部大輔であったが、兵部を主として据えることから河童を兵主部とよぶようになったと伝わる。島田丸のさらに遠い子孫にあたる橘公業は1237（嘉禎3）年に武雄に移り住んだが、その際、兵主部も共にわたってきたとされる。兵主部たちは市内を流れる川、潮見川に住んだという（『肥前叢書』第2輯）。

　河童といえば伊万里市で経営を続ける松浦一酒造に伝わる世にも珍しい河童のミイラも忘れてはならない。同酒造の創業は1716（正徳6）年と長い歴史をもつ。「当家には何か珍しいものが伝わっている」と代々語り継がれていたが、それが何かわからずじまいだった。しかしながら1953（昭和28）年の大豪雨の際に母屋の瓦を修繕、その際に梁の上から「河伯」と書かれた箱が見つかり、中から現れたのが河童のミイラだったのである。身を屈めた姿で乾燥しており、大きさ50cmほど、同酒造の話によると「所謂"見世物"にありがちな"不自然な継ぎ目"はない」という。酒造であるため水の神としても祀っているが、この河童が見つかって以降、それまで養子続きだった酒造も男の子の双子に恵まれるなどしたため、子授けの神のようにも感じられるとのこと。あくまで酒造なので子宝祈願などは行えないが、子を望む人々からの問い合わせは多い。現在は同酒造に設けられた展示場内にてその姿を拝観できる。

カナワ

佐賀市大和町を流れる川上川に現れたマムシの化け物。川上川は多くの魚が棲む清流であったが、同時に「カナワ」という得体の知れない化け物が橋を渡る者を殺す危険な場所でもあった。ある晩、親子二人が舟漁をしている際に火の玉のようなものに襲われ、これが件の「カナワ」かと恐れ気を失う。目が覚めたときには川岸によく成長したナマズが「カナワ」を飲み込み死んでいたという。川上川に架かる橋のたもとには神功皇后の妹とされる淀姫を祀る淀姫神社があるが、この神の使わしめはナマズであるとされる。以来、氏子はナマズを食せずと誓い、食せば腹が痛むともいう（『大和町史』）。なお、大和町から遠く離れた武雄市朝日町にも淀姫神社、川上という地名があり、その氏子も同様にナマズを食すことを忌むという（『朝日町史』）。

釜蓋の化け物

唐津市相知町横枕に出現した化け物。「釜蓋の化け物ぞ」と自称しながら現れ、夜に裏道を通る者を驚かせた。耳まで裂けた口、鏡のように光る眼をもつという。一人の老爺が孫の手を引きここを通る際「昔、ここに釜蓋の化け物が現れていた」と話したところ、「今でも出るぞ」とその姿を再び現したともいう。困った村人が権現様をその道に勧請したところ化け物は出なくなったという（『横枕郷土誌』）。

小太尻坊主

東松浦郡玄海町に現れた得体の知れない怪異。雨の日に浜に現れ、襲われると病気になるという（『玄海町史』下）。

子持ち女の幽霊

墓地などに夜現れ、通りがかる者に子を抱かせる幽霊。抱くと子はどんどん重くなるが、それに耐えきると大力を授かる。長崎との県境である伊万里市、県中央部の小城市、福岡との県境である鳥栖市にそれぞれ伝承がある（『脇田町誌』『小城町史』『続新佐賀夜話』）。東松浦郡玄海町には夜道に一人で現れる不気味な女を切りつけたところ、翌朝そこには古狸と刀傷のある岩が転がっており、以後それを女石とよぶようになったという伝承もある（『玄海町史』下）。「ウブメ」という名でよばれてはいないように思われる。

コンニャクの化け物

佐賀市中の館町にある寺、乾享院（けんこういん）に現れた化け物。乾享院は鍋島家の君主筋である竜造寺一族が祀られた寺であったが、竜造寺家没落の後には荒れるがままだった。境内にある大きな楠からぶら下がり通る者の頬を撫でたという。刀で斬っても二つ四つに割れるばかりで埒が明かなかった（『続新佐賀夜話』）。

獅鬼（しき）

伊万里市大川町にある眉山に出没した怪獣。牛にも獅子にも似た姿で、2丈（約6m）あまりの大きさだったと伝わる。付近の村々を襲っていたが渡辺綱の子である渡辺久が村人と共に追い詰め、最後には神社から飛び出した諏訪大明神の白羽の矢により仕留められた。死後も悪病を流行らすなど災難をもたらしたが、丑の日に埋牛塚（はや）で牛祭りを行ったところその祟りもやんだという（『伊万里市史』民俗・宗教・生活編）。

大蛇

県下には複数の大蛇の伝承が残るが、武雄市と西松浦郡有田町にまたがる黒髪山に棲んだ大蛇が特に名高い。約800年の昔にこの地方を荒らしまわった大蛇がいたが、九州に下向していた弓の名手・鎮西八郎為朝により打ち取られた。矢で撃ち落とした大蛇にとどめを刺したのはたまたま行き会った盲僧であったという（『有田町史』政治・社会編2、『若

Ⅲ　営みの文化編　　**129**

木百年史』）。大蛇の鱗のうち3枚は牛の背に乗せられ鎌倉に運ばれようとしたが、途中で重さに耐えかね、牛は死んでしまった。そこでその地を牛津とよぶようになったという（『牛津町史』）。神崎市神崎町西郷にも村人による大蛇退治の伝承があり、それに因む地名が多く残る。大蛇の鼻があった場所は「花手」、尾の先は「尾崎」、ふすべ（いぶし）殺したことからその地を「伏部」という（『神崎郡郷土誌』（上・下合本）、『続新佐賀夜話』）。

天狗石　勇猛で鳴らした戦国の武士、光安刑部丞が遭遇した奇妙な石。刑部丞は神埼市脊振町にある土器山（かわらけやま）に夜間の狩りへ出た際、手のひら大の石に猟犬が吠えかかるのを見て、これを拾う。不思議に思いながら懐に入れて山を下りるが、歩を進めるうちに石はどんどん大きくなり、最終的には大岩の大きさまでになった。仕方なく谷底に投げ込んだところ、大きな音を発した後に数千もの人々の笑う声が聞こえてきたという。主君にそれを話すと天狗の土産を置いてきて惜しいことをしたと笑われたという（『肥前夜話』第1篇、『肥前叢書』第2輯）。

天火　天から落ちてくる火。神崎郡吉野ヶ里町ではこれが現れると村中の者が集まって箕などを叩きながら「天火さんな　お立ちんなさい」と大声で一晩中騒いだ（『東背振村史』）。また、唐津市厳木町ではこれが出ると天気が良くなるともいう（『総合日本民俗語彙』第3巻）。

白蛇　鳥栖市にある九千部山に住んだ蛇の化け物。天災から民を救うために法華経1万部の読経を果たそうとする旅の僧の前に美女に化けて現れた。僧は誘惑に負けて読経を果たし得ず、村人が山に登って見に来たときには白骨をさらしていた。1万部に至らなかったことから九千部の名が山に付けられたという（『中原町史』下巻）。

化け猫　佐賀藩主である鍋島家に祟った全国的にも有名な化け猫。江戸中期以降になされた創作上の存在であるが、幕末に歌舞伎の題材にもなり全国的に有名となった。筋書きは多様にあり、時代・登場人物すら異なることが多いが、大まかにいえば次のとおりである。「鍋島藩の殿様がかつての君主・龍造寺家の血を引く盲人と碁を打つが、勝負のもつれから盲人を殺してしまう。行方知れずの息子を待つ盲人の母は狂乱して自害、飼っていた猫 "コマ" はその血をなめて化け猫に変貌する。猫の祟りにより殿様は毎晩苦しみもがくが、最後には忠義の家臣によって殿様の側室に化けていたところを退治された。その死骸は5尺を超える大きな

猫だったという」。創作であることが明らかであるものの、不思議なことに杵島郡白石町にある寺、秀林寺には猫の墓がある（『白石町史』）。

味噌五郎どん

雲仙岳、あるいは背振山に腰かけて有明海で顔を洗うという大巨人で、県内各地に足跡とされる窪地がある。多良岳に住み、眼前に広がる有明海から魚を釣り上げ、投げた魚が岩へと変じた話、また、有明海を埋め立てようとした話などが伝わっている。その名のとおり、味噌をたいそう好んだともいう（『佐賀県鹿島市中木庭地区民俗文化財調査報告書 なかこば』）。佐賀では「味噌五郎どん」とよばれることが多いが、県東部鳥栖市から福岡県にかけては「ウシどん」とよばれる。鳥栖市にある朝日山、福岡件三井郡にある花立山はウシどんが畚から落とした土だという。畚を支えた天秤棒が中ほどから折れたために等しく積んだ前後の土がそれぞれ落ちて山をなした。それゆえ二つの山は非常に似た形なのだという。また、この際に足を踏ん張った両足跡もそれぞれ堀となっている（『鳥栖市誌』第5巻、『郷土資料シリーズ』第8号）。

ヤコ（野狐）

狐のことをヤコとよぶ。県下全域にヤコに関する話が多く残っている。宴席の帰りに化かされ、翌朝に野原で目を覚まし、あたりを見回せば土産が食い散らかされていたという話（『鳥栖市誌資料編』第11集 とすの口承文芸）の他、山中から木を切り倒す音、石の転がる音が聞こえてくることを「ヤコの鋸引き」とよんだという話、夜中に通る提灯の行列を「狐の嫁入り」とよんだという話（『大川内町誌』）などもある。県下では村の中で行方不明者が出るとヤコに憑かれ連れ去られたものと判断した。そのような場合、唐津市呼子町では村の人間があつまり体を綱で繋いで列をつくり、鉦・太鼓を打ち鳴らしながら「もどせーかえせー」と吟唱して周囲を練り歩いた。最後の一人は20mも離れて繋がれ1升瓶の底を指で打ちながら歩くが、不明者がこれに飛びついてくれば救出は成功だったという（『呼子町史』）。杵島郡江北町では1892（明治25）年頃に屋敷で祀っていた稲荷が周囲の人々に憑いて病気にするなどの騒ぎを引き起こした。屋敷の住人がまじないで治療を行っていたが、かえって稲荷は著名となり多くの参詣者を呼び込むこととなった。しかしながら参詣者の中に重病の女があり、その女に稲荷が憑いて「今に黒土にする」と託宣するとその女の宅はじきに火事となり、女は焼死した。以来、参詣者は後を絶ったという（『江北町史』）。

Ⅲ　営みの文化編　131

佐賀県高校野球史

佐賀県で最も早く誕生した野球部は佐賀三中(現在の唐津東高校)で,続いて1902年に佐賀中学(現在の佐賀西高校),07年に第五仏教中学(現在の龍谷高校)でも創部した.また,佐賀師範や鹿島中学(現在の鹿島高校),有田工業にも野球部ができるなど,早くから野球が盛んだった隣の福岡県の影響もあって,九州地区の中では野球に精力的な地域であった.

22年に佐賀中学が九州地区から福岡県以外の学校として初めて全国大会に出場した.翌年からは佐賀中学が九州予選を3連覇した.29年夏には佐賀中学が甲子園初勝利をあげた.

しかし,以後は福岡県勢が往年の勢いを取り戻し,佐賀県から甲子園に出場したのは,33年夏の佐賀師範と35年夏の佐賀商業のみで,選抜大会には1度も選ばれなかった.また甲子園での勝利も佐賀中学が29年にあげた1勝のみであった.

48年佐賀県は長崎県,熊本県とともに西九州大会を戦うことになり,第1回西九州大会は鹿島一高(現在の鹿島高校)が制して甲子園初出場を果たした.

60年夏,鹿島高校(鹿島一高が改称)が2度目の甲子園出場を果たし,佐賀県勢として初めてベスト4まで進出している.

佐賀県では78年から1県1校となった.この頃から県内では佐賀商業が強くなり,新たに佐賀学園高校,龍谷高校が台頭してきた.82年夏には佐賀商業の新谷博投手が木造高校を9回2死まで完全試合に抑え,27人目の打者に死球を与えたもののノーヒットノーランに抑えている.

94年夏,佐賀商業が佐賀県勢として初めて決勝に進出,9回表に西原正勝主将の満塁ホームランが出て樟南高校を降し,佐賀県勢初の全国制覇を達成した.

さらに,2007年夏には出場2回目の佐賀北高校が2回戦で延長15回再試

合，準々決勝では強豪帝京高校を相手に延長13回にサヨナラで破り，決勝でも広陵高校を逆転満塁ホームランで降し，夏の大会としては松山商業以来11年振りの公立高校による全国制覇を達成した．

2007年以降は，夏の大会に2年連続して出場した学校はなく，県内は戦国時代が続いている．

【秘話】死球で逃した完全試合

選抜大会では1978年に前橋高校の松本稔投手が比叡山高校を相手に史上初の完全試合を達成，続いて94年には金沢高校の中野真博投手が江の川高校（現在の石見智翠館高校）を相手に2度目の完全試合を達成している．しかし，100回を超える夏の大会では現在まで1度も達成されていない．というのも，夏は都道府県大会から含めて試合数が多い上に気温が高く，投手の負担が大きいからだろう．

それでも，過去に唯一その一歩手前までいった投手がいる．それが82年夏に出場した佐賀商業の新谷博投手である．この大会の2日目の第1試合に登板した新谷投手は，1回戦で青森県の木造高校と対戦した．佐賀商業は1回裏に3番田中が2ランホームランを打つと，新谷投手は9回2死まで木造高校を完全試合に抑えた．

史上初の完全試合まであと1人と迫った9回2死という場面で，木造高校の監督は27人目の打者として代打を送った．それは甲子園ではよくあることだが，打席に入ったのは，県大会を通じてこれまで1度も打席に入ったことがない，公式戦初出場の1年生世永幸仁選手だった．

ここまでの新谷投手の出来からすると，完全試合は達成かと思ったそのとき，新谷は世永に死球を与えて完全試合を逃してしまった．すぐに気を取り直して次の打者をセカンドゴロに打ち取り，ノーヒットノーランは達成したものの，初打席の1年生に死球を与えて完全試合を逃すという展開に，固唾を呑んで見ていたファンは大きなため息をついた．

なお，夏の大会での完全試合はその後も出ていない．

主な高校

小城高 （小城市，県立）
春1回・夏1回出場
通算0勝2敗

1899年県立第一中学校小城分校として創立．1901年佐賀中学校小城分校となり，02年県立小城中学校として独立．48年の学制改革で県立小城高等女学校と統合して，県立小城高校となった．

22年の第8回大会に九州予選に初参加．78年夏に甲子園初出場．2007年選抜にも出場している．

鹿島高 （鹿島市，県立）
春0回・夏2回出場
通算3勝2敗

鹿島藩校を母体に，1876年鹿島変則中学校として創立．78年鹿島中学校，86年藤津郡立尋常中学校を経て，96年佐賀県尋常中学校鹿島分校となったが，1901年再独立して県立鹿島中学校となる．48年の学制改革で県立鹿島高等女学校，県立鹿島農商学校と統合して県立鹿島第一高校となり，翌49年に鹿島高校と改称．

21年の第10回大会に初めて九州予選に参加．48年夏に甲子園初出場．60年夏にはベスト4まで進んでいる．

唐津商 （唐津市，県立）
春2回・夏5回出場
通算2勝7敗

1917年私立の唐津商業補習学校として創立．18年町立に移管して，21年町立商業学校となる．29年県立に移管．44年唐津工業学校に転換したが，46年に商業科が復活して県立唐津商工学校となる．48年の学制改革で唐津実業高校となり，62年に工業科が独立して唐津商業高校と改称した．

34年夏に県大会に初参加．61年選抜で初出場．84年夏には初戦で弘前実を降して初勝利をあげた．近年では2016年夏に出場している．

神埼高 （神埼市，県立）
春1回・夏1回出場
通算1勝2敗

1927年に県立神埼高等女学校として創立．48年の学制改革で神埼高校となる．

53年創部．2001年選抜に初出場すると，夏にも連続出場し，都立城東高校を降して初勝利をあげた．

佐賀学園高 (佐賀市, 私立)
春0回・夏6回出場
通算6勝6敗

　1958年佐賀実業高校として創立. 73年佐賀学園高校と改称.

　59年創部. 81年夏に甲子園初出場, 91年夏には春日部共栄高校, 天理高校と強豪を降して3回戦に進んだ. 近年では2010年夏にも3回戦まで進出している.

佐賀北高 (佐賀市, 県立)
春0回・夏5回出場
通算6勝4敗1分, 優勝1回

　1963年佐賀高校が3校に分割された際に佐賀北高校として創立し, 同時に創部. 2000年夏に甲子園初出場. 2度目の出場となった07年夏は2回戦で宇治山田商業を延長15回引き分け再試合の末に降すと, 準々決勝では強豪帝京高校を延長戦で破り, 決勝でも広陵高校を逆転満塁ホームランで降して, 県勢2校目の全国制覇を達成した. 近年では19年夏にも出場している.

佐賀工 (佐賀市, 県立)
春1回・夏2回出場
通算2勝3敗

　1898年佐賀県工業学校として創立し, 1902年県立佐賀工業学校と改称. 06年佐賀県立商船工業学校に統合されて同校の分校となったが, 10年に再独立. 48年の学制改革で佐賀工業高校となる.

　38年から佐賀県予選に参加. 68年選抜で初出場, 同年夏には初勝利をあげた. 87年夏にも出場している.

佐賀商 (佐賀市, 県立)
春6回・夏16回出場
通算17勝21敗, 優勝1回

　1907年市立佐賀商業学校として創立. 22年県立に移管. 48年の学制改革で佐賀商業高校となり, 49年共学化.

　21年創部. 35年夏に甲子園初出場. 戦後, 55年選抜に出場し, 以後は常連校として活躍. 94年夏の決勝では9回表に満塁ホームランが出て8-4で樟南高校を降し, 佐賀県勢として初めて全国制覇を達成した.

佐賀西高 (佐賀市, 県立)
春0回・夏7回出場
通算1勝7敗

　佐賀藩の藩校・弘道館を母体として, 1876年に佐賀変則中学校として創立. 83年佐賀県佐賀中学校と改称. 86年佐賀県尋常中学校, 1901年県立佐賀中学校となる. 48年の学制改革で県立佐賀第一高校となり, 翌49年

佐賀第二高校，市立佐賀成美高校を統合して，県立佐賀高校となった．63年佐賀高校が佐賀西・佐賀北・佐賀東の3校に分裂，佐賀西高校が旧制佐賀中学校の伝統を受け継いでいるとされる．

創部年は不明だが，02年に柳川中と試合をした記録がある．19年から夏の九州予選に参加，22年夏の佐賀県勢として初めて全国大会に出場した．以後29年まで夏の大会に6回出場．戦後は佐賀高校時代の58年夏に出場している．ユニフォーム胸のロゴ「EIJO」は校名ではないが，「栄城」とも呼ばれる佐賀城にちなんだ伝統あるもので特別に認められている．

佐賀東高 （佐賀市，県立）

春0回・夏2回出場
通算0勝2敗

1963年佐賀高校が分裂した際に創立し，同時に創部．92年夏に甲子園初出場，8回まで能代高校をリードしていたが9回に逆転負けした．99年夏にも出場した．

鳥栖高 （鳥栖市，県立）

春1回・夏2回出場
通算1勝3敗

1927年組合立高等女学校として創立．29年県立に移管し，鳥栖高等女学校と改称．48年の学制改革で県立鳥栖高校となった．71年商業科が分離して鳥栖商業高校となる．

49年に県大会に初参加．83年夏甲子園に初出場し，桜井高校を降して初戦を突破．2001年選抜と02年夏にも出場している．

鳥栖商 （鳥栖市，県立）

春0回・夏2回出場
通算2勝2敗

1971年鳥栖高校の商業科が独立して，鳥栖商業高校として創立し，同時に創部．93年夏に甲子園初出場．2003年夏には愛工大名電高校，富山商業を降してベスト8まで進んだ．

龍谷高 （佐賀市，私立）

春1回・夏3回出場
通算2勝4敗

1878年浄土真宗西本願寺派の学校の振風教校として創立．1900年西肥仏教中学校，02年第五仏教中学校を経て，08年龍谷中学校と改称．48年の学制改革で龍谷高校となる．

07年創部．80年夏に甲子園初出場，89年選抜ではベスト8まで進んだ．近年では2015年夏に出場している．

⑪佐賀県大会結果（平成以降）

	優勝校	スコア	準優勝校	ベスト4		甲子園成績
1989年	佐賀商	8 - 3	佐賀学園高	佐賀西高	鹿島実	2回戦
1990年	佐賀学園高	5 - 4	龍谷高	太良高	鹿島実	初戦敗退
1991年	佐賀学園高	8 - 0	小城高	唐津西高	有田工	3回戦
1992年	佐賀東高	5 - 0	唐津西高	佐賀学園高	龍谷高	初戦敗退
1993年	鳥栖商	5 - 4	唐津工	杵島商	佐賀東高	初戦敗退
1994年	佐賀商	5 - 4	鳥栖商	龍谷高	佐賀学園高	優勝
1995年	龍谷高	3 - 2	佐賀商	唐津工	鳥栖工	初戦敗退
1996年	唐津工	4 - 3	唐津商	神埼高	佐賀東高	初戦敗退
1997年	佐賀商	4 - 2	伊万里高	鳥栖工	伊万里高	2回戦
1998年	佐賀学園高	7 - 6	唐津東高	龍谷高	佐賀東高	3回戦
1999年	佐賀東高	3 - 0	鳥栖高	厳木高	伊万里高	初戦敗退
2000年	佐賀北高	2 - 1	敬徳高	佐賀学園高	唐津商	初戦敗退
2001年	神埼高	7 - 4	鳥栖高	厳木高	佐賀西高	3回戦
2002年	鳥栖高	9 - 1	佐賀学園高	唐津東高	唐津西高	初戦敗退
2003年	鳥栖商	6 - 2	佐賀商	鹿島実	龍谷高	ベスト8
2004年	佐賀学園高	7 - 2	杵島商	小城高	唐津西高	初戦敗退
2005年	佐賀商	8 - 7	鳥栖商	佐賀西高	鳥栖高	初戦敗退
2006年	佐賀商	10 - 4	佐賀西高	鳥栖高	多久高	初戦敗退
2007年	佐賀北高	11 - 0	鹿島高	佐賀商	鹿島実	優勝
2008年	佐賀商	3 - 1	鳥栖高	伊万里農林	鳥栖工	初戦敗退
2009年	伊万里農林	4 - 3	佐賀商	佐賀学園高	鹿島実	初戦敗退
2010年	佐賀学園高	7 - 2	佐賀商	龍谷高	多久高	3回戦
2011年	唐津商	2 - 0	佐賀工	佐賀学園高	佐賀北高	2回戦
2012年	佐賀北高	8 - 3	伊万里農林	鳥栖商	鹿島実	初戦敗退
2013年	有田工	6 - 5	早稲田佐賀高	佐賀工	伊万里農林	2回戦
2014年	佐賀北高	3 - 2	佐賀工	佐賀商	佐賀学園高	初戦敗退
2015年	龍谷高	5 - 4	唐津商	佐賀商	敬徳高	初戦敗退
2016年	唐津商	16 - 5	佐賀商	龍谷高	伊万里高	初戦敗退
2017年	早稲田佐賀高	6 - 1	鳥栖高	佐賀工	鹿島高	初戦敗退
2018年	佐賀商	5 - 2	唐津商	有田工	龍谷高	初戦敗退
2019年	佐賀北高	4 - 1	鳥栖高	神埼清明高	東明館高	初戦敗退
2020年	龍谷高	8 - 7	敬徳高	唐津商	早稲田佐賀高	(中止)

注）2016年準決勝の唐津商－龍谷高戦は龍谷高の出場辞退で唐津商の不戦勝

やきもの

伊万里焼（絵皿）

地域の歴史的な背景

　佐賀市の東方、神埼市千代田町や唐津市久里の貝塚で発掘された数々の石器類は、肥前国の歴史のあけぼのを物語っている。脊振の山間や山麓地帯からは3千年の昔の縄文土器が発見されているが、西唐津から出た土器は朝鮮、満州、沿海洲にわたる櫛目土器とのつながりを思わせるもので、すでに縄文時代に大陸との交渉があったことを推察させる。

　弥生文化は、紀元前2〜3世紀に始まるが、佐賀平野では海抜4メートルぐらいの所までに弥生土器が発見されている。この時期には、中国から青銅器が伝わり、大陸伝来の墳墓が築かれたが、九州の墳墓には甕棺が用いられることが多かった。昭和31（1956）年に発掘された唐津市汲田遺跡からは、50余りの密集した甕棺が発見され、多紐細文鏡を始め銅剣や銅鉾など、貴重な装飾品も多数出土している。小さな共同社会の共同墓地にある甕棺から、当時の舶来の貴重品が発見されたことは、富と権力を持った族長の出現を暗示するものであろう。

　その後も大陸との交流は途絶えなかった。12世紀に宋に渡った栄西は、脊振の山地に茶の木を伝えたし、平安末期に渡来した朝鮮人たちは、古唐津と称される朝鮮風の陶器を伝え、唐津焼発展の基礎を築いたのである。

主なやきもの

有田焼

日本初の磁器窯　有田焼は、肥前有田で焼かれる磁器の総称である。
　一般に、有田焼の祖は、豊臣秀吉による文禄・慶長の役（1592〜98年）

138

に従軍した佐賀藩主鍋島直茂が連れ帰った朝鮮人陶工の一人、李参平といわれる。磁器の製造を藩主から命じられた李参平らは、原石を求めて住居地であった多久（多久市）から有田天狗谷、さらに有田泉山へと移動していった。そして、泉山で白磁鉱を発見、磁器焼成に成功したのである。

　江戸時代の有田皿山（窯場）は、皿山代官所によって管理、統制されていた。磁器製造は、藩の特産企業とされ、製品の売上げは、むろん藩の財政を潤すものであった。有田皿山で焼かれた磁器は、荷馬車などで伊万里港（伊万里市）に運ばれ、そこから船に積まれて各地に運ばれている。故に、有田磁器は、他地方では伊万里焼と呼ばれることが多いのである。

　創業期の磁器は、染付の白磁が中心であった。主として鈍い青色の呉須（彩料）で絵が描かれた食器類である。その後、酒井田柿右衛門によって赤絵が開発された。赤絵とは、一度焼き上がった染付白磁の上に赤や緑や金の顔料で色をつけ、それをさらにもう一度焼き上げて定着させる技法をいう。

初めは輸出品として　有田皿山の開窯当初の製品は、国内に流通するものではなかった。17世紀から18世紀にかけて長崎出島を拠点としていたオランダ東インド会社（V・O・C）がそれを輸出品として取り扱っていたからである。

　ヨーロッパ向けの輸出磁器の特色は、大型で華美。つまり、色絵を施された飾り壺や飾り皿が多い。食器としての実用例はなく、室内装飾品として珍重されたのである。

国内への流通　有田皿山で本格的に国内向けの商品開発に取り組むようになるのは、宝暦7（1757）年に輸出がやんで以降のことであった。つまり、18世紀半ばになって小物の食器類が出回ってくるのである。蛸唐草文様や南画山水文などの染付食器がそうで、一般にはこれをもって「古伊万里」という。

　一方で、技術開発が進んでいた色絵が後退した。その派手さが、日本における食器の分野では敬遠されたのである。もちろん、国内向けにも

Ⅲ　営みの文化編　139

大型の飾り壺や飾り皿がつくられもしたが、国内ではそれまでの輸出品ほどにさばけなかったのである。

宝暦の頃以降の国内流通品は、幸いなことに、その年代が明らかな状態で各地に残存する。例えば、今日まで没落することなくその家屋と家系を伝える生口島（広島県）の堀内家や能登門前（石川県）の角海家などの廻船問屋の蔵には、そうした古伊万里、染付の食器類が大量に残っている。刺身皿、平皿、小皿、それに向付け碗、猪口など。そして、自家用のものは、10人前なり20人前なりが木箱に納められ、そこに購入年月が墨書されている例が多い。だが、まだ磁器の販路は限られていた。旧家での収納方法も、それが貴重な食器であったことを物語っている。

幕末から明治以降は、成形法が手づくりから型抜き中心となり、染付には銅版印刷や吹抜けなどの機械技術が取り入れられ、大量生産されるようになった。大正時代以降は、鉄道や自動車交通の発達で陸路の運送が盛んとなり、販売の拠点も伊万里から有田に移った。

現在の有田焼は、瀬戸（愛知県）や美濃（岐阜県）の磁器食器と競合しながらも、日本の食器市場の主役の座を占め続けている。そして、有田の町は、製造から販売までを含めた一大窯業地となっている。

鍋島焼

鍋島藩が、延宝年間（1673〜81年）に、藩の直営窯として大川内山（伊万里市）に独自に築いたのが鍋島窯である。幕府や諸大名への献上品を専門に焼く窯であり、厳重な管理の下で上質の青磁や色絵の技術を育んできた。他の追随を許さない独特の形や文様など、有田焼系の粋が集められたやきものといってよい。特に、元禄の頃から18世紀にかけて優れた製品が生み出されている。

例えば、染錦手は中国嘉靖金襴手の影響を受けたもので、染付を施し、がっしりした素地に赤・金を多用して絢爛豪華な彩色を行なったものである。この染錦手の大型の壺や皿は、ほとんどがヨーロッパに輸出された。なお、赤絵を施したものは色鍋島と呼ばれ、高い評価を得ている。他にも、青磁・錆釉・瑠璃釉などを使った精緻な製品もつくられた。

だが、江戸後期になると、鍋島焼は藩の管理体制の崩れもあってか、次第に精緻な技術が失われていった。そして、明治の廃藩と共に鍋島藩窯は閉窯した。ただ、その後も製陶は、民窯として続けられた。

唐津焼

佐賀県西部、および長崎県北部で桃山期から生産された陶器の総称である。窯跡は佐賀県内でも153カ所もみられる。名称は、唐津港から積み出されたことに由来するというが、定かでない。開窯期については、諸説あるが、天正年間（1573〜92年）とみるのが近年の定説となっている。

唐津焼が飛躍的に発展したのは、豊臣秀吉による文禄・慶長の役（1592〜98年）で連行された朝鮮人陶工によって三島手や刷毛目などの新たな技術が投入されてからである。やがて、瀬戸（愛知県）や美濃（岐阜県）に対抗する高級陶器として、西日本から日本海側に広く販路を広げた。

光沢のある釉薬の掛かった陶器を食器として身近なものにした点で、唐津焼の果たした役割は大きいといえよう。そのため、やきものの代名詞として、東日本の「瀬戸物」に対して、西日本では「唐津物」といわれるようになった。

一方、桃山時代には、軽妙な鉄絵装飾で、食器ばかりでなく茶陶の世界でも好評を博するようになった。他にも、彫唐津・奥高麗・瀬戸唐津・朝鮮唐津・絵唐津・三島唐津など、その作風は多彩であった。17世紀になると、絵唐津は減少し、代わって白化粧土を用いた刷毛目や象嵌手法による三島手、緑・褐色顔料で彩色した二彩手などの新しい技法へと変わっていった。絵唐津に比べて色彩的に明るく華やかな装飾へ移行したことは、時代が求めたものであったのだろう。こうした装飾による壺や大鉢は、17世紀後半に有田焼と共に東南アジアへ輸出された。

なお、17世紀には、京焼に倣った瀟洒な碗や皿もつくられた。その系譜は、18世紀以降、献上手唐津へと続いていく。しかし、日常食器は、有田で磁器が盛んに焼かれるようになると需要を奪われて急速に衰退。代わって、壺や甕、擂鉢、片口、大鉢などが中心となっていった。

今も、「一楽、二萩、三唐津」といわれるように、唐津焼は長く茶人に

好まれてきた陶器の一つである。

白石焼

三養基郡北茂安町白壁の皿山（窯場）で焼かれた陶磁器。白壁焼ともいう。享保年間（1716～36）年に農家の副業として焼かれた無釉の土器がその始まり、という。

この皿山は、鍋島本家の縁戚である白石鍋島家の領地であり、文化3（1806）年頃に大川内山の鍋島藩窯から藤崎百十という陶工が呼ばれて白輝焼を始めた。これは、褐色の素地に白い化粧土を掛けて、その上に染付で文様を施したもので、焼成すると貫入が入り、そのひびが文様のようにみえる。この白輝焼が、幕末から明治にかけての白石焼を代表するものとされる。天草陶石を用いた白磁胎の染付磁器もつくられた。

また、安政年間（1854～60年）には、京都の陶工臼井走波が招かれ、急須や酒器などをつくった。それを走波焼という。

白石焼は、明治期には盛んに輸出もされたが、明治末には磁器の生産は絶えた。大正から昭和前期にかけては、汽車土瓶や植木鉢、火鉢などがつくられている。現在は、民芸風の陶器が中心である。

多々良焼

武雄市武内町真手野の多々良で焼かれた陶器で、唐津焼の一系統とされる。現在、安田原窯・西岳窯・多々良下窯の3基の窯跡が確認されている。最も古く開窯したのは、16世紀末頃の安田原窯である、と一説にはいう。多々良焼が最も盛んだったのは、江戸後期である。

製品は、安田原窯では天目釉や褐釉の碗を、西岳窯と多々良下窯では甕を主体として、他に壺や鉢、擂鉢などを焼いてきた。現在も2軒の窯元が操業しており、甕や鉢は紐状に伸ばした粘土を輪積みにして叩き成形する技法が復活している。

Topics ● 市とまつり

　佐賀の大陶器市は、毎年4月から5月にかけてのゴールデンウイークに行なわれる1年に一度のやきものの祭典である。「有田陶器市」を始め、「唐津やきもん祭り」「肥前・伊万里やきものまつり」などが開催される。

　有田陶器市は、明治29（1896）年に始まり、昨年（令和元年）で117回を数える伝統ある陶器市である。江戸時代から昭和初期の和風や洋風の町屋、商店が立ち並ぶメインストリートは、JR上有田駅から有田駅まで約4キロ。他にも、周辺の黒牟田・応法地区やうーたん通りなどでも開催される。普段は静かな町であるが、この期間は全国から100万もの人が訪れ、大変な賑わいをみせている。

　唐津やきもん祭りは、唐津市内で行われる。テーマは「食と器の縁結び」。唐津焼の陶芸家と唐津を代表する料理店が協力して、期間限定のメニューを提供したり、陶芸家がおもてなし役を務める「唐津ちょこバル」など、唐津焼と食が響きあう7日間となっている。

　昨年は、5月5日に唐津くんちという祭りで、14台の曳山による特別巡行「祝賀奉曳（ほうびき）」が行われた。これは、1番曳山の赤獅子が創建200年の節目に当たることと、新天皇の即位による改元を祝してのことであった。

　肥前・伊万里やきものまつりは、伊万里市大川内山で行われる。この辺りには、江戸時代より今なお鍋島藩窯の伝統技術を受け継ぐ30軒の窯元があり、「秘窯の里」と呼ばれている。

　この祭りを訪れた人が立ち寄るのが鍋島藩窯公園である。製陶の秘法を守った関所、お経石窯や清原窯などの登り窯跡、陶工の家などが見事に再現されている。山道を行くと、古窯跡など歴史的文化遺産と共に磁器のオブジェがあり、静かな町並みと見事に調和している。ここでぜひ聞いてほしいのが、「めおとしの塔」の鈴の音。伊万里焼の14個の風鈴が奏でるその音は、環境庁の「日本の音風景百選」にも選ばれており、秘窯の里に優しく響きわたる。

Ⅲ　営みの文化編　　143

IV

風景の文化編

地名由来

「伊万里県」のほうがグローバル化時代に合っている

　かつて私が会長をしていた学会を佐賀大学で開催することになった時、実行委員長の先生が「佐賀県はよく"さが"さないとわからない県だと言われる…」と言って会場の笑いをとっていた。吉野ヶ里遺跡をはじめ、古代史は言うまでもなく、中世・近世においては伊万里焼の本場としてその影響は遠くヨーロッパにまで伝えられ、さらに幕末維新において薩長土とともに重要な役割を果たした佐賀県は、立派にその足跡を日本史に残していると思うのだが、県名が果たして「佐賀県」でよかったかという疑念は拭い去れない。

　廃藩置県で成立した佐賀県など6つの県が最終的に「伊万里県」に統合されたのは明治4年（1871）11月のことであった。だが、翌年5月に「佐賀県」に改称した。なぜ「伊万里」ではだめだったのかは不明だが、「佐賀県」の命名は県庁の所在地が「佐賀郡」であったという単純な理由によるものだった。

　個人的な見解を申し述べると、やはり「伊万里県」を継続すべきであった。「伊万里焼」は日本が世界に誇る産業文化である。朝鮮半島では「白磁」が有名だが、「伊万里」はその白磁をもとに中国の「赤絵」を組み合わせて我が国オリジナルで作り出された文化である。

　17世紀までは中国の磁器が盛んにヨーロッパに輸出されていたが、1644年に明朝が崩壊し、その後、清朝は貿易を禁止したために、磁器の輸出が滞ってしまった。それを機に日本は、中国とオランダを利用して輸出を図った。オランダ東インド会社のルートで伊万里焼はヨーロッパに広く輸出され、「イマリ」の名は世界に広がっていった。東インド会社が設立されたのは1600年なので、ちょうど江戸幕府が開かれ、基礎固めをした時期とほぼ重なっている。

　「イマリ」輸出の最盛期は20年程度とされているが、この伊万里焼がヨ

ーロッパの磁器生産に大きな貢献をしたことはよく知られている。

このような歴史を知れば知るほど、「伊万里県」を「佐賀県」に変えるべきではなかったと個人的に考えている。

ただし、「佐賀」という地名も特に悪いわけではない。『肥前国風土記』には、日本武尊が巡行した時、大きな楠の木が聳えているのを見て、「此の国は栄（さか）の国と謂うべし」と言ったということで、それなりに意味のある地名である。また、賢女（さかしめ）の伝説から生まれたとの伝承もあるが、伝説の域を出ない。

それよりは、歴史的にも実証されている「伊万里」を県名にすべきであった。かつて「伊万里県」という時代があったのだから、余計その思いが募る。ただ、今さらどうにもなるものではないとすれば、佐賀県のアピールにこの伊万里をさらに活用すべきである。

とっておきの地名

①伊万里（いまり）

伊万里焼の産地であり、世界にimariの名前で知られていた。文永6年（1269）の伊万里氏の書状には「伊万里」の他に「岐須里」「山口里」「加志田里」「長野里」「波多道里」など古代条里制の名残の里名が見え、伊万里という地名も条里制の固有里名の遺存したものだとされる。（『角川日本地名大辞典 佐賀県』）

江戸時代の紀行文には「今里」「今利」とも書かれていたことがわかっており、「伊万里」の「伊万」は「今」であった可能性が高い。

江戸期から「伊万里町」で、明治22年（1889）の町村制の施行を機に、「伊万里町」という自治体が誕生したが、昭和29年（1954）に伊万里市となって今日に至っている。

②嬉野（うれしの）

武雄温泉と並び県を代表する嬉野温泉で知られる。一般には神功皇后が戦いの後、この地に立ち寄り、白鶴が湯浴みをして羽の傷を治したところを見て、「あな、うれしや」と言ったことから「嬉野」という名前がついたとされているが、この種の話はどこの温泉でもある伝説と考えたほうがよい。ただ、『肥前国風土記』の「藤津郡（ふじつのこおり）」の中に「塩田川（しおた）」とあり、その中に「東の辺に温泉がある。よく人の病気を治す」とあり、すでに奈良時代初期に温泉が湧いていたことが確かめられる。

Ⅳ　風景の文化編　　147

中世には「宇礼志野」とも表記されているが、江戸期以降は「嬉野村」、昭和4年（1929）に「嬉野町」、平成18年（2006）に「嬉野町」「塩田町」が合併して「嬉野市」が誕生した。

「嬉野」という縁起のよい地名になっていることから、霊山を開いた僧侶が岩山に腰を下ろして「ああ、嬉野」と言ったとか、豊玉姫の神を勧請し、「ああ嬉野」と言ったとかの伝説がいくつかあり、何らかの意味で「嬉しい」という地元の人々の意識の反映と考えられる。

③相知（おうち）

「相知町」は東松浦郡にあった町。平成17年（2005）の合併によって唐津市の一部になっている。「相知」というセンス抜群の地名の由来は、多くの河川や伊万里道・佐賀道の「逢ふ地」であったことにあるという。

小高い山々の間を、東から伊岐佐川（いきさ）、東南より厳木川（きゅうらぎ）などが合流し、古来人と物の合流地点として「逢う地」（相知）の地名は親しまれてきた。

④神集島（かしわじま）

唐津市の北西部沖合に位置する離島。唐津市街から見ると島の形が台形であり、その形から軍艦島とも呼ばれている。『東松浦郡史』によれば、「住吉神社」の項に「本殿は、神功皇后三韓征伐の時数の間滞留あらせられ、諸神を神集めし給ひ、干珠・満珠の二宝を納められし神社なりと云ふ。この故をもって神集島となづく」と記されている（『角川日本地名大辞典 佐賀県』）。

『万葉集』には当地で詠んだという歌が7首収められているが、そこには「肥前國松浦郡狛島亭（こましまのとまり・ふなはて）に船泊せし夜、遥に海の浪（なみ）を望みて、各旅の心を慟みて（いた）作れる歌七首」とある。ここでは「狛島」となっているが、これは「柏島」の誤りだとされている。「狛」は「高麗」の意味で「柏島」が誤りだという考えもできる。七首のうちの最初の歌。

　　　帰り来て見むと思ひしわが宿の
　　　　　　秋萩薄（すすき）ちりにけむかも　（秦田麻呂（はだのたまろ））

「神集島」という表記が一般になるのは江戸期以降のことなので、神功皇后伝説はそれ以降に作られたものかもしれない。

⑤**背振山**（せふりさん）　福岡県福岡市早良区と佐賀県神埼市の境に位置する標高1,055メートルの山である。佐賀県側にかつて「脊振村」があった関係で、佐賀県の山といったイメージが強い。一般によく紹介されている説は、寛文5年（1665）の「肥前古跡縁起」によるもので、こんな話である。

　背振山極楽東門寺の乙護法善神は天竺の国の主の王子で、神通自在の人であった。竜馬に乗り虚空を翔け東方に去っていったが、この国の鬼門に当たる当山に飛んで来た際、その竜馬が空に向かって3度いなないたことによって、「背振」という名前がついた……。

　日本の文化発祥の地とも言える当地であるからこそ言える伝説なのかもしれない。それ以外にも朝鮮語の「ソウル」（都）に由来するという説もあるが、真偽のほどはわからない。

⑥**鳥栖**（とす）　「鳥樔」とも書いた。古代養父郡（やぶのこおり）4郷の1つで、「鳥栖郷」であった。中世においては「鳥栖荘」、江戸期以降では「鳥栖村」、明治40年（1907）に「鳥栖町」、昭和29年（1954）に「鳥栖市」になり、現在に至っている。

　『肥前国風土記』にはこう記されている。

　「鳥樔の郷　郡役所の東にある。

　昔、軽島（かるしま）の明（あきら）の宮に天の下をお治めになられた誉田天皇（ほむだのすめらみこと）（応神天皇）のみ世に鳥屋（とや）（鳥小屋）をこの郷に造り、さまざまな鳥を捕り集めて飼い馴らして朝廷にみつぎものとしてたてまつった。それで鳥屋の郷といったが、後の世の人はこれを改めて鳥樔の郷といっている」

　これはこれで決まりと言ってよい。

⑦**馬渡島**（まだらじま）　玄界灘に浮かぶ離島。一般的には、日本に初めて馬がやってきた謎の島とされているが、それは観光向けのコピーと考えたほうがよい。「馬渡系図」によると、「美濃国馬渡庄の住人本馬八郎義俊は白河上皇院政の頃延暦寺僧兵の強訴を防ぎ、冤罪を受け松浦郡に流され、この島に土着、馬渡と称し、斑島を馬渡島に書き改めた」とされ、この説が多くの地名辞典に記載されている。この説では、もともと「斑島」であったのを本馬八郎義俊が故郷の「馬渡」に書き直させたことになる。

Ⅳ　風景の文化編　　149

島民のほとんどがカトリックのクリスチャンで、江戸末期にキリシタン弾圧を逃れるために長崎県の外海や平戸、五島などから移住してきた人々によって広まったと言われている。木造建築では日本で最も古い教会として知られる馬渡島教会はそのシンボルである。

難読地名の由来

a.「杠」（佐賀市）**b.**「巨勢」（佐賀市）**c.**「海路端」（佐賀市）**d.**「金立」（佐賀市）**e.**「三養基」（三養基郡）**f.**「水留」（伊万里市）**g.**「的」（神埼市）**h.**「駅ヶ里」（神埼市）**i.**「石動」（神埼郡吉野ヶ里町）**j.**「廿治」（杵島郡白石町）

【正解】
a.「ゆずりは」（常緑高木のユズリハに由来する）**b.**「こせ」（大和の豪族巨勢氏の一族が移り住んだものと思われる）**c.**「うちばた・うじばた」（海に通じる道の先端という意味か）**d.**「きんりゅう」（徐福ゆかりの金立山・金立神社による。何らかの意味で金属に関連するか）**e.**「みやき」（肥前国にあった「三根郡」「養父郡」「基肄郡」の1字ずつをとって命名）**f.**「つづみ」（水を留める堤に由来するか）**g.**「いくわ」（鍬の一種の鋳鍬にちなむか）**h.**「やきがり」（吉野ヶ里などと同じ「○○ヶ里」の一例。古代の駅家に由来するか）**i.**「いしなり」（洪水などで石が流れたことに由来するか）**j.**「はたち」（畑地に由来するか）

商店街

唐人町商店街（佐賀市）

佐賀県の商店街の概観

　佐賀県の歴史は古く、伊万里市腰岳遺跡から産出された旧石器時代後期の黒曜石は、本州や朝鮮半島南部まで分布する。また、わが国最古級の水田遺跡の菜畑遺跡、『魏志倭人伝』に登場する末廬国は、唐津市周辺にあったとされる。弥生時代の大規模集落「吉野ヶ里遺跡」はわが国の古代史解明に大きく寄与している。8世紀中頃に編纂された『肥前風土記』は現存する数少ない史料で、佐賀県の歴史の古さを証明している。

　近世に入ると、佐賀城に鍋島氏が入封し35.7万石の大藩を築いた。佐賀藩は常時財政負担に見舞われながらも、長崎街道があったため諸外国の情報や先進技術と接する機会が多く、諸外国の文物が流入しやすい環境にあった。佐賀城下の白山町と呉服町は大藩のお膝元として栄えた。この町の経済を支えてきた地元経済人が残した銀行や屋敷など、明治から昭和初期の建造物が点在している。

　武雄市は長崎街道の本陣に温泉を置き、殿様たちも入浴したという。また、この街道は外国人の往来や諸国の文物の流路としての機能を果たし、ゾウやラクダも闊歩したという記録も残る。街道に沿って各地に商店街が成立し発展した。鳥栖市の「田代宿」もその1つで、この地は対馬藩の飛び地であったため大陸の医術が伝わるとともに、交通の要所に位置していたことから売薬が栄えた。鳥栖市には今日も大手製薬メーカーが立地する。近代に入ると、鳥栖市は鉄道の分岐点として大きく発展し、物流の拠点としての地位を築いた。今日では「九州のクロスロード」と称され、九州自動車道、長崎自動車道、大分自動車道が交差し、物流拠点となっている。また、物流基地内にアクセスの優位性を活かして「鳥栖アウトレットモール」が立地し、大変な賑わいを見せている。その一方、福岡市の商圏に完全に取り込まれ、中心商店街の機能低下は著しい。

【注】この項目の内容は出典刊行時（2019年）のものです

県の北西部玄界灘に面する唐津市は、古くから大陸・半島との交流がさかんであった。近代に入ると、周辺で炭鉱開発が進み、その積出港として飛躍的な発展を遂げる。商店街には、地域経済を支えた先人たちが残した建造物が現存し、これらを活用して賑わいを取り戻そうという取組みが行われている。伊万里市は、オランダの東インド会社が有田焼を「IMARI」の名称で輸出したことから世界的な地名となった。他方、鍋島藩の御用窯が伊万里市大川内山に置かれ、「鍋島焼」と称されている。伊万里の市街地には陶磁器のモニュメントが点在し、「陶磁器の町」を演出している。商店街もこうした環境のなかで立地している。

　その他、羊羹の町として名高い小城市、有明海に面した鹿島市の商店街でも、それぞれ城下町の雰囲気を活かした取組みが行われている。

　佐賀県は福岡市とのアクセス向上とともに時間距離が短縮され、その影響下に入りつつある。県都佐賀市も福岡市から1時間圏内にあり、商店街は苦戦している。唐津市も、JR線は九州最大の商業地天神まで乗り入れ、商圏のみならず通勤・通学圏に取り込まれている。こうした状況下、県内各地の商店街ではいずれも地域の活性化に向けた積極的な取組みが行われている。

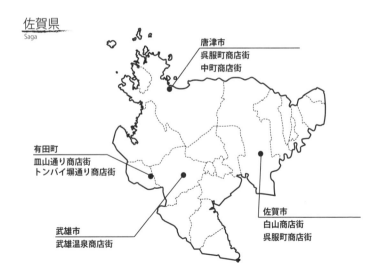

行ってみたい商店街

白山商店街、呉服町商店街（佐賀市）
―藩政下から続く歴史的環境の発信を模索する商店街―

佐賀市は人口23万人で、全国の県庁所在地のなかでも下位に位置する。しかし、江戸時代は、鍋島氏35.7万石という全国有数の大藩であった。今日の街路は、城下町の町割りをほぼ受け継いでいる。佐賀藩は領内に自治領が多く、さらに幕府から長崎の警備も任され常に貧窮していた。一方、長崎と接することで諸外国の情報入手が比較的容易であった。こうした背景により、明治維新を先導する先見性が醸成されたと言われている。

佐賀城下を長崎街道が東西に貫き、白山商店街と呉服町商店街はこの街道に沿って展開している。白山町の地名は1591（天正19）年の文書に見出され、佐賀城下町成立当初から存在していた。また、呉服町の町名も1789年の文書に城下三十三町の1つとして列挙され、藩政下に由来する歴史ある商店街である。

長崎街道はほぼ当時のまま保たれているが、この由緒ある街道に1980年に「白山名店街」と称するアーケードが設置された。そのうえ、アーケードに面して複合ビルが建てられ、街道は一部消滅してしまった。大駐車場を備えた郊外型大型商業施設の開業が相次ぎ、その影響で客足は遠のいている。白山商店街は近年店舗数が微増し、現在、およそ130店が営業している。しかし、その半数は飲食店で占められ、増加した店舗のほとんどはこれに当たる。

一方、呉服町商店街は30店舗弱と小規模であるが、衣料品店、青果店、精肉店、文具店、スポーツ用品店などが並び、地元住民の生活に根ざした商店街と言える。この商店街に隣接する柳町界隈は、和洋の建造物と街路が一体化した景観をなし、散策コースとして人気が高い。柳町を訪れる人々を商店街に引き寄せる工夫が必要ではなかろうか。また、佐賀市は全国一多く「恵比寿像」が祀られている町と言われており、長崎街道沿いにも多く現存し、両商店街ではこれを巡る散策コースを紹介している。

近年では、毎年10月から11月初旬にかけて行われている「佐賀インターナショナルバルーンフェスタ」が世界的に注目を集め、今では80万人を超える人々が見学に訪れる一大観光イベントとなっている。2016年には、両商店街に隣接する松原町に「バルーンミュージアム」が開館した。今後

Ⅳ　風景の文化編　　153

は、この新しい施設と定着したバルーンフェスタを有効に活用すべきだろう。

白山商店街と呉服町商店街は、買い物客の足は遠のいたものの、豊富な歴史的資源を活用することによって、市民憩いの散策路、そしてまた観光客が集う散策路として最良の条件を備えている商店街と言えよう。

皿山通り商店街、トンバイ塀通り商店街（有田町）
—焼き物の町とともに発展してきた個性的な商店街—

佐賀県西部に位置する有田町は、人口およそ2万人を有し、「有田焼」の産地として名高い。有田焼は1616年に佐賀藩主・鍋島直茂が朝鮮出兵の帰路連れ帰った陶工李三平（和名：金ヶ江三兵衛）がこの地にやって来たことに由来する。陶磁器の窯元および販売店舗が数多くあり、独特の景観を形成している。

有田町の皿山通り商店街、トンバイ塀通り商店街は、ともに1991年に「有田町有田内山」として重要伝統的建造物群保存地区（重伝建地区）に選定されたエリア内に位置する。両商店街の表通りには、有田焼を扱う商家、有田焼の窯元の屋敷、さらに洋館並びに社寺建築など、和風から洋風まで多様な建造物が立ち並んでいる。さらに、商店街の名称にも使われているトンバイ塀と称される独特の景観も形成している。この塀は、登り窯の廃煉瓦や壊れた皿などを材料にしており、製陶技術の秘密を守るために作られたと言われている。

両商店街には有田焼を扱う店舗が軒を連ね、その数は一般商店を大きく上回っている。地元ではこうした特性を活かして様々な取組みを行っている。とりわけ、毎年ゴールデンウィークに開催される『有田陶器市』は、115回の開催（2018年現在）を誇る伝統行事で、120万人もの観光客が押し寄せる全国的なイベントとなっている。その他、11月23日前後には「秋の陶磁器まつり」、2〜3月には「有田雛のやきものまつり」を開催し、ともに多くの観光客で賑わっている。

「焼き物の町」として形成され歩んできた独特の歴史背景のもと発展して来たのが皿山通り商店街、トンバイ塀通り商店街である。ゆえに、一般的な商店街というよりも「焼き物の商店街」といった様相を呈している。これは全国的に見ても唯一無二の存在と言える。この独特な雰囲気を持った商店街は、有田焼を品定めしながらのんびりと散策すべきである。

武雄温泉商店街（武雄市）

―長い歴史を持つ温泉と長崎街道沿いに展開する商店街―

佐賀県西部に位置する武雄市は、人口およそ5万人を有する古い温泉地である。武雄温泉はすでに、8世紀中頃に編纂された『肥前風土記』に記されている。また、神功皇后が凱旋帰路に立ち寄り温泉を発見したという故事に習い、柄崎温泉と呼ばれた。江戸時代になると、国際都市長崎に続く長崎街道がこの地を通り、「塚（柄）崎宿」が置かれた。この街道は諸外国の珍しい品々が行き交い、特に当時貴重な砂糖は珍重され、街道沿いには「カステラ」「丸ぼうろ」などの菓子製造が発展し、「シュガーロード」とも呼ばれている。武雄温泉商店街はこの長崎街道に沿って位置する。

明治期になると武雄温泉の人気は高まり、全国屈指の入浴者数を誇る温泉地となった。1915年には、東京駅の設計者・辰野金吾が手がけた「武雄温泉楼門」が完成し、2005年「武雄温泉新館」とともに国の重要文化財に指定されている。

今日の武雄温泉商店街は、案内施設「まちなか案内所」を核として展開しているが、商店はわずか十数店舗だけで、その多くは飲食店で占められており、「温泉街」としての名残はとどめていない。また、温泉観光地としては珍しく「まちなか案内所」以外で土産を購入できる場所がない。観光客の関心が「武雄温泉新館」と「楼門」に集約され、商店街まで足を運ぶ観光客はまれのようである。

商店街も対応策を実施し、その1つとして「武雄温泉しあわせの朝」と銘打って、「朝散歩」「朝カフェ」「楼門朝市」などの催しを行っている。「まちなか案内所」では種々の手作りマップを用意し、素朴ながらも心温まる配慮が伝わってくる。近年、商店街には個性的な専門店の出店も見られ、今後が楽しみである。今後、武雄温泉の古くて多彩な歴史を感じながら散策するには絶好の商店街となっていくであろう。

呉服町商店街、中町商店街（唐津市）

―中心市街地の再生を担う新たな取組みを始めた商店街―

唐津市は佐賀県の北西部に位置し、玄界灘に面した人口12万人の都市である。明治以降、海運と炭鉱開発によって栄え、経済も飛躍的に発展した。市中心街には地元経済を支えた旧唐津銀行、三菱合資会社唐津支店などの近代建築物が残っている。また、唐津と言えば「唐津くんち」が有名

である。この祭礼は、1819年に伊勢参りの帰路京に立ち寄り祇園祭に感激した町人・石崎嘉兵衛が唐津神社に獅子頭を奉納したことから始まった。

　呉服町商店街と中町商店街は唐津市中心部に位置し、旧唐津銀行にも近く、近代期の唐津発展の推移を見届けた商店街と言えよう。呉服町商店街は1964年にアーケードが設置され、入口に「唐津くんち」の意匠が取り付けられていた。最盛期には170mの街路に50店舗が軒を連ねていたが、現在では20店舗あまりが営業するにとどまっている。このアーケードは老朽化が進み、安全上も問題視されるようになったため、2015年に撤去された。これを契機に、通りの名称も「五福の縁結び通り」に改称した。商店街協力組合は、不要となったアーケードの維持管理費を新たな出店希望者の支援に充てるなどの対策を講じている。また、この商店街はJR唐津駅とバスターミナルの中間点に位置するため、唐津市はこの商店街のファサードを整備して、2つのターミナルを結ぶ回遊路の形成を目指している。

　隣接する中町商店街は、およそ90店舗が軒を連ねる中心市街地で、最大規模を誇る。ここは鮮魚店の数が多く、古くから「唐津の台所」と称されてきた。近年では、2月下旬に「かきまつり」を開催している。また、昭和初期の洋式建築物を利用したカフェが開業するなど、地域の歴史的特性を活かした取組みが始まっている。

　呉服町商店街と中町商店街は、ともに唐津市の中心市街地の一角を占め、唐津市の推移を見守ってきた商店街と言えよう。今後は「近代化」をキーワードとしたまちづくりが進められるものと期待している。

花風景

浄徳寺のシャクナゲ

地域の特色

標高1,000メートル級の北東の脊振(せふり)山地から南西の多良岳(たらだけ)山系を結ぶ丘陵で二分され、北西部は玄海灘に、南東部は有明海に臨んでいる。南東の佐賀平野には佐賀市などがあり、北西の海岸沿いには唐津(からつ)市などがある。現在は小県ではあるが、朝鮮半島や長崎に近いことから多彩な歴史や文化を持つ。外来文化の進取の気風に満ち、古来の窯芸文化や佐賀藩(鍋島(なべしま)藩・肥前(ひぜん)藩)の洋式兵器産業などは典型である。佐賀藩は薩摩、長州、土佐と共に明治維新の立役者となる。太平洋側と同じ暖温帯の気候を示す。

花風景は、近世の大名庭園のサクラ名所やツツジ名所、近世から生育する寺院や私邸の古木など歴史を感じさせるものが特徴的であるが、一方、現代の都市公園のハナショウブ園、コスモス園などもある。

県花はクスノキ科ニッケイ属のクスノキ(クス・楠)である。西日本の暖地(だんち)に自生し、特に九州には多い。常緑広葉樹で巨木になり、枝も大きく張り、白色や淡黄色の小さな花は目立たない。クスノキは樟脳(しょうのう)という成分を含み、芳香、防虫、鎮痛などの効果がある。『肥前国風土記(ひぜんこくふどき)』にはクスノキが繁茂する「栄の国(さかえのくに)」だと記され、力強い発展を象徴している。

主な花風景

小城公園(おぎこうえん)のサクラ　*春、日本さくら名所100選

江戸前期17世紀の小城藩主(おぎはんしゅ)の小さな丘をいだく池泉回遊式(ちせんかいゆうしき)の大名庭園跡に約3,000本のソメイヨシノなどのサクラが咲き誇る。庭園は小城藩の初代藩主鍋島元茂(なべしまもとしげ)とその子の2代目藩主鍋島直能(なおよし)によって造営される。初代が丘にサクラを植え、茶屋を設け、2代目になってサクラのいっそうの植樹が進められ、「桜岡(さくらがおか)」と名付けられたという。直能は桜岡の周辺にさらに庭園を充実させ、「心」の字をかたどった心字池(しんじいけ)をつくり、サクラを植

凡例　*：観賞最適季節、国立・国定公園、国指定の史跡・名勝・天然記念物、日本遺産、世界遺産・ラムサール条約登録湿地、日本さくら名所100選などを示した

え、橋なども設け、「自楽園」と命名した。現在、園内には約25,000株のツツジも咲き乱れ、フジも美しい。特に、「角槙」と呼ばれる直方体に刈り込んだ、樹齢約350年と推定されるイヌマキの古木は大きく圧巻である。園内には他にも直方体に刈り込んだ樹木がある。

　佐賀藩主鍋島氏の佐賀城は現佐賀市にあり、その東に隣接して現小城市に支藩の小城藩が配置され、佐賀藩主鍋島勝茂の子の鍋島元茂が初代藩主となったのである。元茂は勝茂の正室の子である嫡男ではなく、家督を継げず、支藩に追いやられたが、父と共に島原の乱に出陣した柳生新陰流の剣の達人であり、華道や茶道にも通じる風流人であったと伝えられている。将軍家剣術指南役の柳生宗矩とは生涯親交があり、三代将軍徳川家光に剣術を教えたともいう。また、禄高を大幅に増やした政治家でもあった。その子直能は江戸屋敷に生まれ、政治家であるよりも文化人であり、本家や他の支藩と軋轢があったという。直能はみずから和歌集を編纂し、さらに、そうそうたる儒学者の木下順庵、林鵞峰などや、公家の歌人飛鳥井雅章、道光法親王などとも親交を持ち、庭園を愛でる漢詩文や和歌の創作を委嘱していた。元茂と直能の生き方は、江戸時代の戦乱の世から平和な世への武家の在り方の変化を象徴しているのかもしれない。

　当地は、1873年（明治6年）の公園設置の太政官布告に基づき、その2年後には「桜岡公園」として佐賀県最初の公園となる。この時点では、桜岡のみが公園で自楽園の庭園は含んでいなかったが、1951（昭和26）年、鍋島家が自楽園を市に寄贈し、現在の「小城公園」となった。

御船山楽園のサクラとツツジ　＊春、登録記念物

　県西部の温泉で有名な武雄市御船山南西麓に御船山楽園があり、約50ヘクタールにわたって約2,000本のソメイヨシノ、オオシマザクラ、ヤエザクラと約5万本のクルメツツジ、ヒラドツツジなどが咲き誇る。御船山は岩山として鋭く屹立して印象的であり、その姿が唐船に似ているということから唐船山とも呼ばれている。この山麓に一面を覆い尽くして広がる花風景は断崖絶壁を背景として見事である。また、御船山東麓には約1万本のウメが咲く観梅の御船が丘梅林もある。

　御船山楽園は、そもそもは第28代武雄藩主鍋島茂義が別邸の地として選び、池もある池泉回遊式庭園として1845（弘化2）年に「萩の尾園」として

造営したものである。将軍家の御用絵師である狩野派の絵を学んでいた茂義は造営にあたり、京の都から狩野派の絵師を招き、庭園の構想を練るためにこの地を描かせたという。その後、明治末年以後にサクラや大量のツツジが植えられ、遊覧の名所として発展した。なお、茂義は西洋式大砲の鋳造や試射を行い、わが国で最も早く西洋の軍事技術を導入し、洋式砲術や科学技術を究め、幕末期の佐賀藩の台頭に寄与した人物である。

　国の登録記念物（名勝地関係）の名称としては「旧武雄邑主鍋島氏別邸庭園（御船山楽園）」である。邑主とは治世者といった意味であろう。登録区域は約14ヘクタールと限られている。

浄徳寺のシャクナゲ　＊春

　神埼市の背振山南麓にある浄徳寺は別名シャクナゲ寺とも呼ばれているシャクナゲの名所である。浄徳寺は1689（元禄２）年の開山と伝えられている。境内や裏山には、約30種、約１万本の桃色、赤色、白色のシャクナゲが咲き誇り、特に裏山の樹齢約400年くらいと推定される「弁財天シャクナゲ」は樹高約6.5メートル、枝張り約７メートルで淡い桃色の花をつけ、シャクナゲとしては巨木で見事な花模様に圧倒される。弁財天シャクナゲには伝説がある。弁財天は七福神の一人で、吉祥天、弁天とも呼ばれる女神である。弁財天が英彦山で開かれた神様の集まりに招かれた時、美しいシャクナゲに魅せられ、天馬に乗って勝手に持ち帰ろうとして、天狗に見つかり、追いかけられる。途中で落とした１本がこの背振山のシャクナゲである。

志気の大シャクナゲ　＊春

　唐津市の西部、伊万里市に接する丘陵地帯の北波多志気地区の斜面林間に樹齢約200年余りと推定される大シャクナゲがある。樹高約５メートル、最大枝張り約５メートルのシャクナゲが４株、その他に樹齢約40年のシャクナゲが20株程度生育している。桃色、赤色、白色の可憐な花を常緑の葉の樹木いっぱいに開花させる。付近は、稲作の棚田や茶畑、梨園などが広がる田園地帯であり、ナシの白い花も美しい。

　大シャクナゲは江戸後期の寛政年間（1789〜1801年）に唐津城石垣工事の褒美として唐津藩家老から賜ったものと伝えられている。現在、その子

Ⅳ　風景の文化編　　159

孫の私有地に生育しているが、「さが名木100選」に指定され、見学できる。シャクナゲはツツジの仲間で寒さと暑さにも強く世界に分布し、ヒマラヤのシャクナゲは有名である。自生種、栽培種ともに品種が多く、数百種類はあるといわれる。わが国では、東北・中部地方のアズマシャクナゲ、伊豆半島のアマギシャクナゲ、西日本のツクシシャクナゲ・ホンシャクナゲなどがあり、地域固有のハクサンシャクナゲ、ヤクシマシャクナゲなどもある。志気の大シャクナゲはツクシシャクナゲである。

大和中央公園花菖蒲園のハナショウブ　＊春・夏

　佐賀市に合併した元大和町の大和中央公園花菖蒲園は約1ヘクタールの湿地に白色、黄色、紫色など色とりどりの約4万株のハナショウブが咲き誇り、剣のような緑の葉もみずみずしく、その花風景は壮観である。江戸系、伊勢系、肥後系の多様なハナショウブがあるという。園内には木製の八橋を通ることができ、橋の風景も風情がある。また、園内ではアジサイ1,200株、サツキ・ツツジが885株、クチナシなどの花も楽しむことができる。

　ハナショウブはノハナショウブの園芸品種である。花の色は鮮やかで、白色、黄色、青色、紫色、桃色など多数あり、品種を細かく分類すると約5,000種類にも達するといわれている。古くから園芸品種が発達し、大きく分けると、品種数が豊富な江戸系、室内生け花用の伊勢系と肥後系、原種の特徴を残す長井古種の4系統に分類できる。アヤメ科アヤメ属のハナショウブは同じ科属のアヤメやカキツバタに類似しており、これらを全て総称してアヤメと呼ぶこともある。

金立公園のコスモス　＊秋

　佐賀市の北部、金立山の麓に約27ヘクタールの総合公園が広がる。その中に約3.5ヘクタールのコスモス園があり、約33万本の桃色、赤色、白色の透きとおるような花が秋に一面咲き誇り、同じ場所に春にはナノハナが咲き誇る。園内を彩るサクラや池に浮かぶハスの花も美しい。金立山（502メートル）は背振山地の南端に位置し、秦の始皇帝の命によって不老不死の薬草を探しに来日した徐福の伝説を残す山として知られている。徐福はこの山でも不老不死の薬草を探したのである。これにちなみ、金立山公園には徐福長寿館、薬用植物園もある。

公園 / 庭園

吉野ヶ里歴史公園

地域の特色

　佐賀県は、大都市の福岡市や北九州市を抱える福岡県と、異国情緒豊かで特色ある離島を抱える長崎県に挟まれ、北西は玄界灘、東南は有明海となっている。面積は狭く、人口も少ない小県である。県は標高1,000m級の北東の脊振山地から南西の多良岳山系を結ぶ丘陵で二分され、北西部は玄海灘に傾斜し、南東部は有明海に傾斜している。南東の佐賀平野には佐賀市などがあり、北西の海岸沿いには唐津市などがある。玄界灘に突き出す東松浦半島はリアス海岸で溺れ谷を形成し、変化に富んだ地形を見せ、地先にはいくつかの島々が分散している。付け根の唐津湾には虹ノ松原が続く。有明海は遠浅の干潟であるが、一部が水門で閉め切られ、干拓と淡水化が進められている。これが有明海全体の環境問題として長年にわたる係争となっている。干潟は20世紀に全国で埋め立てられ、減少した風景である。

　古くは肥前の国であり、明治時代になって佐賀県と長崎県に分けられた。佐賀県は小県ではあるが、朝鮮半島や長崎に近いことなどから多彩な歴史や文化をもっている。弥生時代の吉野ヶ里遺跡は特に有名で、海外防備の朝鮮式山城跡、豊臣秀吉の朝鮮侵攻基地の名護屋城跡などが残っている。外来文化受容の進取の気風に満ち、唐津、有田、伊万里の窯芸文化、佐賀藩（鍋島藩・肥前藩）の洋式工業、洋式兵器産業などはその典型であり、佐賀藩は薩摩、長州、土佐とともに明治維新の立役者となる。三重津海軍所跡は、福岡・長崎県等の構成資産とともに、2015（平成27）年、世界文化遺産「明治日本の産業革命遺産」となった。

　海岸の国定公園、山地の県立自然公園ともに小規模であり、一方、都市公園は風土に根差した歴史的なものが多く、優れている。

凡例　🈯自然公園、🈯都市公園・国民公園、🈯庭園

161

主な公園・庭園

⽬ 玄海国定公園虹ノ松原・七ツ釜　＊特別名勝、天然記念物

　虹ノ松原は唐津湾がきれいに湾曲する砂浜にできた長さ約4,500m、幅約500mの見事な松原である。静岡県の三保の松原、福井県の気比の松原とともに日本三大松原と称され、日本の白砂青松100選、日本の名松100選、日本の渚百選などにも選ばれている。日本人は中国文化の影響で古来よりマツを愛でていたが、海岸の松原も好む風景であった。白い砂浜も古くから愛でていたが、「白砂青松」の言葉が普及するのは明治時代になってからである。海岸の松原はクロマツ林であり、植林をし、落ち葉や枯れ枝を取りのぞき、手入れすることによって維持される。放置すれば自然の遷移で広葉樹に変化していく。虹ノ松原も17世紀の江戸前期に唐津藩主が背後の新田を守るために、防風林、防砂林として植林し、以後、厳しく守ってきたものである。20世紀後半には、マックイムシによるマツ枯れが全国に広がったが、有名な松原や名松は薬剤散布や薬剤注入によって手厚く守られてきた。

　虹の松原の南にある鏡山（284m）からは、虹の松原や唐津湾、唐津市街が眼下に一望でき、かなたに壱岐の島影をも望むこともできる。「鏡山」は奈良時代の『肥前風土記』や『万葉集』にも登場する由緒ある山で、さまざまな伝説が伝えられている。名の由来は神功皇后がこの山頂に鏡を祀ったことに基づくと伝えられている。8世紀の大和政権で各地の風土記が編纂されたが、地名の由来は記すべき重要事項であった。風土記はその全貌が残るものは5カ国分しかない。また、松浦佐用姫の伝説も伝えられている。佐用姫は、朝鮮半島に出征する恋人を鏡山から見送り、その後舟を追って、途中で悲しみのあまり七日七晩泣きくらし、石になってしまったという悲恋物語である。

　七ツ釜は東松浦半島にある海食崖の絶壁にできた海食洞の洞窟で、玄武岩の柱状節理が見られる。名前は7カ所の洞窟に由来しているが、実際にはそれ以上の数がある。

目 黒髪山県立自然公園黒髪山　＊天然記念物

　岩山の奇峰を見せる黒髪山（516m）は古来より霊山として知られ、肥前耶馬渓とも呼ばれた。黒髪山頂上には天童岩がそびえ、青螺山の南麓には雄岩・雌岩が並び立つ。佐賀県の県立自然公園6カ所の中で、黒髪山は1937（昭和12）年に指定された最も古い公園であり、全国的にも古いものである。植物は豊かで、カネコシダ自生地が天然記念物となっている。

都 吉野ヶ里歴史公園　＊特別史跡、国営公園、日本の歴史公園100選

　吉野ヶ里遺跡は西は神埼市、東は神埼郡吉野ヶ里町に所在し、弥生時代に国がつくられていった様子がわかる大規模な遺跡である。発掘調査で明らかになった集落の様子と『魏志倭人伝』の記述との類似が指摘され、大きな話題になった。公園の中心は環濠集落ゾーンとして整備されている。北内郭はまつりごとが行われた祭殿とされる16本の柱の大きな建物のほか4隅には物見櫓があり、周囲は二重の濠と木柵で厳重に守られている。また、身分の高い人の住まいである南内郭、一般の人々が生活した南のムラゾーンもある。倉と市ゾーンでは高床倉庫と考えられる建物跡が数多く発見され、国内外各地との交易を示す貨幣や装飾品が見つかったことからも市が開かれていたと考えられている。甕棺墓列では500基もの甕棺が再現展示され、北墳丘墓では発掘された状態の本物の遺構を見ることができる。

　遺跡に関しては昭和初期から研究や報告があったが、有名になったきっかけは1986（昭和61）年の工業団地造成のための発掘調査だった。予想を超えた大規模な遺跡の出現は全国に衝撃を与えた。発見から4年後には史跡指定を受け、その翌年に中心部分が特別史跡に指定された。92（平成4年）には国営公園化が決定し9年後には公園が開園するという異例のスピードで整備が進められた。現在の吉野ヶ里歴史公園の敷地は特別史跡を含む国営公園の東西を県営公園として整備された駐車場や広場が挟むかたちで構成され、核心部分の特別史跡と一体となって歴史的な雰囲気がつくられている。

　復元建物は今後の調査研究で新しい発見があれば修正も必要という前提で、部分的に現代的な工法を用いながら遺跡全体から弥生時代の様子がわかるよう整備されている。広大な敷地に復元した建物が建ち並ぶ様子は弥

Ⅳ　風景の文化編　　163

生時代のテーマパークともいえるが、遺跡を利用しながら歴史を学ぶことができる歴史公園としても注目される。

都 佐賀城公園
*重要文化財、日本の都市公園100選、日本の歴史公園100選

　佐賀市の中心地に位置する佐賀城跡につくられた公園である。佐賀城は鍋島氏の居城で、江戸時代にあった2回の大火事の後、本丸の御殿が完成して十代藩主鍋島直正が移ったのは1838（天保9）年だった。明治時代以降は城内に県庁や学校がつくられ、大正時代に入ると住宅が増加して市街化が進み、1933（昭和8）年には鍋島家から濠が寄贈されて東側の一部が埋め立てられた。57（昭和32）年に「佐賀城鯱の門及び続櫓」が重要文化財に指定され61（昭和36）年から佐賀城公園の整備が始まった。2004（平成16）年には移転した学校の跡地に本丸御殿を復元した佐賀城本丸歴史館が開館した。県立歴史資料館建設のために行った発掘調査で、状態の良い遺構が発見されたため急遽計画を見直し、建物跡の礎石や絵図を基に本丸御殿を復元し内部を博物館として利用することになった。城跡の公園ではシンボルとなる天守を復元する事例が多いが、佐賀城のように大規模な御殿の復元はめずらしい。佐賀県は2007（平成19）年に「佐賀城下再生百年構想」を策定し東側の濠の復元も含め佐賀城下にふさわしい町をめざして整備を進めている。

都 旭ヶ岡公園
*日本の歴史公園100選

　旭ヶ岡公園は佐賀県の南西部の鹿島市に所在する。鹿島城の一角にある公園で、衆楽園と呼ばれた桜の名所である。鹿島藩主鍋島直彬が衆楽亭を建設し周りを衆楽園と名付けたのが始まりである。毎年領民を集めて衆楽宴と呼ばれる花見を開き1871（明治4）年の廃藩まで宴は続けられたという。当時の藩は財政状況が厳しく何度も倹約令が出されており、その息抜きのための施策として娯楽が提供されたのではないかともいわれている。唯一残る鹿島城の建造物が赤門と大手門で、県の重要文化財に指定されており、赤門は県立鹿島高等学校の門として使われている。

地域の特性

　佐賀県は、玄界灘と有明海に挟まれた九州最小の県である。吉野ヶ里遺跡にみるように、古くから開けた土地であるが、海外貿易で発展した福岡や長崎に比べて、産業の発展は遅れた。筑紫平野の米や麦の穀倉地帯であるが、東部では工業団地も進出している。有明海沿岸ではクリークという水路が発達し、広大な干拓地も開かれている。佐賀市の北東にある弥生時代中後期の大規模な吉野ヶ里遺跡は、国内最大級の環濠集落で、国営歴史公園として整備された。唐津では虹ノ松原、唐津くんち祭り、有田の有田焼、鹿島の祐徳稲荷神社など見所が多い。

◆旧国名：肥前　県花：クスノハナ　県鳥：カササギ

温泉地の特色

　県内には21カ所の温泉地があり、42℃以上の高温源泉が60、25～42℃未満が74、25℃未満が46であり、相対的に低温の温泉が多い。温泉湧出量は毎分約2万ℓであり多くはない。年間延べ宿泊客数は74万人で少なく、全国40位にランクされている。このうち、嬉野温泉の宿泊客数は47万人で突出しており、以下に武雄温泉の15万人が続き、国民保養温泉地の古湯が6万人で県内3位にランクされている。

主な温泉地

①嬉野（うれしの）　44万人、53位
　　炭酸水素塩泉、塩化物泉

　県南西部、山間の小盆地にあり、嬉野川の清流に沿って温泉地が広がっている。一帯は嬉野茶の産地でもあり、温泉観光と農業を両立してきたが、温泉地が歓楽化して観光産業の発展をもたらした。温泉は95℃ほどの高温泉で、泉質は炭酸水素塩泉と塩化物泉であり、温泉資源は優れている。

Ⅳ　風景の文化編

嬉野温泉は8世紀初頭の『肥前風土記』に「東の辺に湯の泉ありて能く人の病を癒す」と記されていた。江戸時代には参勤交代の宿場として栄え、オランダ商館の外国人も訪れた。温泉浴場には藩主のための御前湯があり、侍湯と町人湯に分かれていた。明治維新の混乱期に温泉浴場は破壊されたが、地元有志18名が再建を図り、嬉野川の河岸に湧出する温泉を引いて、滝湯や蒸気浴を新設して客の増加を期した。その後、嬉野温泉株式会社として配湯事業を展開し、1913（大正2）年には大火で消失した浴場をゴシック調の大浴場に改築し、嬉野温泉のシンボルとなった。大正末期には、地元民が別の場所で新たな温泉を開発して温泉場が形成されるなど、地域分化が進んだ。同時に、大正期以降に旅館の内湯が普及した。

　第2次世界大戦後、温泉入浴客が急増するなかで、嬉野温泉会社は1,500名収容の大温泉浴場を造り、年間20万人の客を集めた。一方、国民の観光志向が高まるなかで歓楽温泉地に特化して発展した嬉野では、1975（昭和50）年頃にはバー・酒場は70軒、芸者の数は約200名に及んだ。1973（昭和48）年の歓楽性を表す料理飲食等消費税は2億円に達し、1人あたり税額は全国の温泉観光地で日本一といわれた。有力ホテルの例では九州以外の客が70％で、中高年の団体客が圧倒的に多かった。現在、客層は大きく変わり、嬉野温泉のシンボルでもあるシーボルトの湯が再建された。年間延べ宿泊客数は44万人であり、全国の上位53位にランクされている。

交通：JR佐世保線武雄温泉駅、バス30分

②古湯・熊の川　国民保養温泉地
　　　　　　　　　　単純温泉、放射能泉

　県中東部、背振山地の丘陵を南流する嘉瀬川本流と貝野川の合流地点に閑静な古湯温泉がある。温泉資源のみならず自然環境や景観にも優れており、近くの熊の川温泉とともに1966（昭和41）年に国民保養温泉地に指定された。福岡から車で1時間強、長崎自動車道の佐賀大和インターチェンジからは15分、JR佐賀駅からのバスでは40分で到達できる。2000年ほども前に、秦の始皇帝の命を受けて不老不死の霊薬を求めて来た叙福が、霊夢のなかで温泉を発見したとの伝説がある。これは鶴霊泉とよばれ、今に残っている。また、英龍泉は明治時代に実相院の英龍僧正が発見したとされ、共同浴場兼旅館の古湯温泉センターの源泉である。

古湯には旧町有の4源泉があり、泉質は単純温泉、温度は35〜43℃、湧出量は毎分約670ℓである。温泉は集中管理のもとに10軒の旅館、3軒の保養所と一般民家や温泉スタンドへも配湯されている。外来の大規模ホテルは独自の源泉をもっている。各旅館は地元産の山菜や川魚料理などを提供していて、固定客が多い。特に、古湯地区が経営する古湯温泉センターは滞在保養客の利用が多い。旅館は小規模の和風旅館であり、瓦葺き屋根の統一された外観は地域の良好な景観を形成している。古湯の宿泊客数は約6万人、日帰り客は10万人が来訪している。

　1989（平成元）年、近くの天山に本格的人工スキー場が開設されたため、福岡方面を主な観光市場として冬場を中心に18万人もの日帰り客が集まった。自然体験活動は活発であり、ダム湖の北山湖周辺の少年自然の家では2万人強の宿泊客を数えた。1996〜98年には環境省の「ふれあい・やすらぎ温泉地」の補助を受け、貝野川の遊歩道や親水公園の環境整備および権現山展望広場や古湯城山公園城跡が整備された。これらの施設は滞在客の地域散策を促し、客の健康づくりに役立つ。古湯温泉は21年の歴史を刻んだ古湯映画祭が開催されており、これは佐賀市の自主映画団体の呼びかけで1984年に始まった。温泉地域内には、アララギ派歌人の斉藤茂吉の歌碑、近くに雄淵雌淵の奇岩や郭沫若の文学記念碑、国指定重要文化財の茅葺寄棟の吉村家住宅などもある。さらに、この地方特有の伝統芸能である「浮立」を紹介した展示館もあり、秋の祭礼には地区ごとに勇壮な天衝舞が演じられる。

　熊の川温泉は放射能泉で珍しく、湯治場の落ち着いた雰囲気があり、数軒の宿が加瀬川の河岸に立地している。1924（大正13）年、中国の文学者の郭沫若が10カ月間滞在し、小説『行路難』に当時のことがよく描写されているという。

交通：JR長崎本線佐賀駅、バス50分

③武雄　単純温泉

　県南部、武雄盆地の田園地帯にあり、佐賀県を代表する非火山性の温泉地で、泉質は単純温泉である。この温泉は江戸時代まで柄崎（塚崎）温泉とよばれていたが、1895（明治28）年の武雄駅開業に伴い改名された。その歴史は古く、713（和銅6）年に編纂された『肥前風土記』に、「人が

余り行かない険しい岩山にある温泉」と紹介されていた。安土桃山時代、豊臣秀吉の朝鮮出兵の折に名護屋城に集結した将兵たちが、保養のために武雄温泉に滞在した。秀吉は入浴の心得である「定条々」を発した。江戸時代になると、多くの旅人が行き交う長崎街道の宿場町として栄えた。歴史上の著名な人物として、宮本武蔵、伊能忠敬、吉田松陰、シーボルトなどの滞在記録が残されている。

　武雄の共同浴場「武雄温泉」は、佐賀藩主の鍋島氏や幕府の役人、諸藩の大名が利用した。ここには、東京駅を設計した唐津市出身の辰野金吾により、1915（大正4）年に創建された武雄温泉のシンボルで龍宮城を想起させる朱塗りの楼門がある。2005（平成17）年に国の重要文化財に指定された。1925（大正14）年に開業した共同浴場の元湯温泉も老朽化のため建て替えられ、2010（平成22）年に新名称「シーボルトの湯」として新たに営業を始めた。武雄市の名所として、江戸時代に武雄領主の庭園であった御船山楽園がある。春には5,000本の桜、20万本のツツジ、初夏は新緑と紫陽花、秋は紅葉、そして冬は椿というように、四季折々の美しい風景が楽しめる花見の名所である。

交通：JR佐世保線武雄温泉駅

執筆者 / 出典一覧

※参考参照文献は紙面の都合上割愛
しましたので各出典をご覧ください

Ⅰ　歴史の文化編

【遺　　跡】　石神裕之　（京都芸術大学歴史遺産学科教授）『47都道府県・遺跡百科』(2018)

【国宝 / 重要文化財】森本和男　（歴史家）『47都道府県・国宝 / 重要文化財百科』(2018)

【城　　郭】　西ヶ谷恭弘　（日本城郭史学会代表）『47都道府県・城郭百科』(2022)

【戦国大名】　森岡　浩　（姓氏研究家）『47都道府県・戦国大名百科』(2023)

【名門 / 名家】　森岡　浩　（姓氏研究家）『47都道府県・名門 / 名家百科』(2020)

【博物館】　草刈清人　（ミュージアム・フリーター）・可児光生　（美濃加茂市民ミュージアム館長）・坂本　昇　（伊丹市昆虫館館長）・髙田浩二　（元海の中道海洋生態科学館館長）『47都道府県・博物館百科』(2022)

【名　　字】　森岡　浩　（姓氏研究家）『47都道府県・名字百科』(2019)

Ⅱ　食の文化編

【米 / 雑穀】　井上　繁　（日本経済新聞社社友）『47都道府県・米 / 雑穀百科』(2017)

【こなもの】　成瀬宇平　（鎌倉女子大学名誉教授）『47都道府県・こなもの食文化百科』(2012)

【くだもの】　井上　繁　（日本経済新聞社社友）『47都道府県・くだもの百科』(2017)

【魚　　食】　成瀬宇平　（鎌倉女子大学名誉教授）『47都道府県・魚食文化百科』(2011)

【肉　　食】　成瀬宇平　（鎌倉女子大学名誉教授）・横山次郎　（日本農産工業株式会社）『47都道府県・肉食文化百科』(2015)

【地　　鶏】　成瀬宇平　（鎌倉女子大学名誉教授）・横山次郎　（日本農産工業株式会社）『47都道府県・地鶏百科』(2014)

【汁　　物】　野﨑洋光　（元「分とく山」総料理長）・成瀬宇平　（鎌倉女子大学名誉教授）『47都道府県・汁物百科』(2015)

【伝統調味料】　成瀬宇平　（鎌倉女子大学名誉教授）『47都道府県・伝統調味料百科』(2013)

【発　　酵】　北本勝ひこ　（日本薬科大学特任教授）『47都道府県・発酵文化百科』(2021)

【和菓子 / 郷土菓子】 **亀井千歩子** （日本地域文化研究所代表）『47都道府県・和菓子 / 郷土菓子百科』(2016)

【乾物 / 干物】 **星名桂治** （日本かんぶつ協会シニアアドバイザー）『47都道府県・乾物 / 干物百科』(2017)

Ⅲ　営みの文化編

【伝統行事】 **神崎宣武** （民俗学者）『47都道府県・伝統行事百科』(2012)

【寺社信仰】 **中山和久** （人間総合科学大学人間科学部教授）『47都道府県・寺社信仰百科』(2017)

【伝統工芸】 **関根由子・指田京子・佐々木千雅子** （和くらし・くらぶ）『47都道府県・伝統工芸百科』(2021)

【民　話】 **小副川　肇** （佐賀民話の会事務局長） / 花部英雄・小堀光夫編『47都道府県・民話百科』(2019)

【妖怪伝承】 **原田寿真** （国立療養所菊池恵楓園歴史資料館学芸員） / 飯倉義之・香川雅信編、常光　徹・小松和彦監修『47都道府県・妖怪伝承百科』(2017) イラスト© 東雲騎人

【高校野球】 **森岡　浩** （姓氏研究家）『47都道府県・高校野球百科』(2021)

【やきもの】 **神崎宣武** （民俗学者）『47都道府県・やきもの百科』(2021)

Ⅳ　風景の文化編

【地名由来】 **谷川彰英** （筑波大学名誉教授）『47都道府県・地名由来百科』(2015)

【商店街】 **中山昭則** （別府大学国際経営学部教授） / 正木久仁・杉山伸一編著『47都道府県・商店街百科』(2019)

【花風景】 **西田正憲** （奈良県立大学名誉教授）・**上杉哲郎** （㈱日比谷アメニス取締役・環境緑花研究室長）・**佐山　浩** （関西学院大学総合政策学部教授）・**渋谷晃太郎** （岩手県立大学総合政策学部教授）・**水谷知生** （奈良県立大学地域創造学部教授）『47都道府県・花風景百科』(2019)

【公園 / 庭園】 **西田正憲** （奈良県立大学名誉教授）・**飛田範夫** （庭園史研究家）・**黒田乃生** （筑波大学芸術系教授）・**井原　緑** （奈良県立大学地域創造学部教授）『47都道府県・公園 / 庭園百科』(2017)

【温　泉】 **山村順次** （元城西国際大学観光学部教授）『47都道府県・温泉百科』(2015)

索　　引

あ 行

相浦氏	30
青しまうり漬け	92
アゲマキ・ホウジャ	70
あご干し	69
浅草海苔	69
朝日氏	30
旭ヶ岡公園	164
小豆	55
四阿屋神社	111
阿つ焼き	77
アマクサ	66
甘口味噌と天然醸造醤油	87
あみ漬け	92
有明板海苔	102
有明海の魚料理	6
有明海の干潟	4
有明海苔	69
有浦氏	30
有田氏	30
有田陶器市の「いろうさん餅」	98
ありたどり	78
有田焼	5, 116, 138
アワ	55
イカ料理	69
池ノ内湖	56
諫早家	35
石井氏	30
石井樋	56
石垣だこ	61
イセエビの味噌汁	83, 84
イセエビ料理	69
イチゴ	64
イチジク	65
逸口香	99
イトヨリ料理	69
イノシシ料理	75
今泉家	36
伊万里	147
伊万里氏	31
伊万里市	3
伊万里梅まつり	67
伊万里牛	72

伊万里牛のハンバーグ	73
伊万里焼	5, 116
いもん粉だご	60
伊予カン	66
炒り焼き	75
磐井八幡神社	113
宇木汲田遺跡	15
宇宙博物館	42
うったち汁（水団）	83
梅としらすの炊き込みご飯	67
うるち米	53
嬉野	147, 165
宇礼志野氏	31
嬉野茶	92
塩業の歴史	87
相知	148
相知氏	31
大井手堰	56
大隈（名字）	48
大島の水かけ祭り	57
小笠原家	36
御粥講	106
お粥試し	58
小城高	134
小城公園のサクラ	157
小城市	3
沖田畷の戦い	8
小城羊羹	99
おくんち（御九日）煮込み	88
鬼	127
お日待ち祭り	57

か 行

海藻汁	83
海童神社 お粥開き神事	93
カキ	65
カササギ（鵲）	79
かしわうどん	76
神集島	148
河童	127
カナワ	128
釜蓋の化け物	129
神原八幡宮	110

鴨打氏	31
鴨料理	75
唐津エッグバーガー	77
唐津くんち	5, 107
唐津市	3
唐津商（高）	134
唐津城	4, 26
唐津神社	110
唐津焼	117, 141
唐津と相撲	125
かんころだこ（石垣だこ）	61
かんころだんご	61
神埼高	134
神埼荘	7
蟹漬け	92
基肄城	26
基肄城跡	18
キウイ	64
祇園祭	98
祇園饅頭	61, 98
岸川饅頭	96, 99
岸岳城	27
キシュウミカン	66
キンカン	66
キンカンとカブの酢の物	67
ギンナン	64
金星佐賀豚	73
金立公園のコスモス	160
草野氏	32
鯨軟骨粕漬け	92
ぐずぐず焼き	62
クスノキ	3
くすり博物館	43
神代氏	32
熊野神社	111
栗おこわ	57
黒髪山県立自然公園黒髪山	163
黒棒	96, 99
けえらん	99
玄海国定公園虹ノ松原・七ツ釜	162
耕地利用率	2
コシヒカリ	54
コスモス	160

171

子育て幽霊	123	鹿島高	134		44
小太尻坊主	129	志賀神社	112	多久聖廟	22
後藤氏	32	四月三日の「月遅れのひな		多久饅頭	96, 99
呉服町商店街（唐津市）	155	祭り」	98	武雄	167
呉服町商店街（佐賀市）	153	獅鬼	129	武雄温泉商店街	155
小麦	54	執行（しぎょう／名字）	32	武雄温泉新館及び楼門	23
米ん粉だご	60	志気の大シャクナゲ	159	武雄市	3
子持ち女の幽霊	129	獅子ヶ城	27	竹崎観音	113
コンニャクの化け物	129	シシリアンライス	77	武富家	37
さ 行		自然卵 朝のたまご	78	岳の棚田	56
		しゃおまい（焼麦）弁当	74	だご汁	84
西海134号	54	シャクナゲ	159	田島神社夏越祭	107
催馬楽譜	3	熟成タマネギ酢	87	田代太田古墳	17
佐賀・鳥栖のさくらポーク		昌元寺	112	多々良焼	142
	73	醸造用米	54	田中丸家	37
酒井田家	36	焼酎	92	谷口家	37
佐賀いも汁	83	浄徳寺のシャクナゲ	159	谷口古墳	17
佐賀学園高	135	醤油	81, 87, 90	だぶ	83, 84
佐賀北高	135	松露饅頭	61, 77, 99	たまねぎ和風ソース	87
佐賀牛	72	食塩	81, 87	多良山麓の「花炒り十五	
佐賀牛の鉄板焼き	73	徐福伝説	124	日」	97
佐賀県産大豆「フクユタ		白石焼	142	千葉氏	33
カ」	103	白玉饅頭	98	中元寺家	37
佐賀県産若鶏	78	不知火	66	町切用水と揚水水車	56
佐賀県産若鶏骨太有明鶏	74	白鬚神社	112	銚子塚古墳	17
佐賀県立宇宙博物館	42	白蛇山岩陰遺跡	13	千栗八幡宮 御粥試	93
佐賀県立名護屋城博物館	43	白山商店街	153	月遅れのひな祭り	98
佐賀県立博物館	41	しろいお汁	83, 84	筑紫氏	33
佐賀工（高）	135	白蛇	130	ツツジ	158
佐賀交雑種牛	72	酢	92	ツノカガヤキ	65
佐賀産和牛	72	すいもの汁	83, 84	鶴田氏	33
佐賀市	2	須古寿し	56, 69, 93	デコっとパフェ	67
佐賀商（高）	135	スダチ	63	寺沢広高	9
佐賀城	27	セトカ	66	天狗石	130
佐賀城公園	164	背振山	149	天子神社	114
佐賀城本丸歴史館	42	せんだご汁	83, 84	天火	130
佐賀錦	119	そば	92	テンペ	92
佐賀西高	135	染付山水図輪花大鉢	22	徳永飴	98
さがの華	54	**た 行**		どじょう汁	83, 84
佐賀東高	136			泥鰌汁（勘右衛門話）	123
さがびより	54	大蛇	129	鳥栖	149
佐賀平野の正月飾り	97	大豆	55	鳥栖高	136
さが水みずものがたり館	45	大平庵酒蔵資料館	94	鳥栖市	3
サクラ	157, 158	タイラギ	70	鳥栖商（高）	136
笹沢左保記念館	45	高木氏	32	トビウオ料理	69
ササミ梅の春巻き揚げ	67	多久遺跡群	13	トンバイ塀通り商店街	154
砂糖を使った名物菓子	6	多久氏	33	**な 行**	
佐野常民	9	多久家	37		
皿山通り商店街	154	多久市	3	中尾家	38
シオマネキ・ガン	70	多久市郷土資料館・歴史民		中里家	38
潮水鳥の親不孝	121	俗資料館・先覚者資料館		ながだご	60

中冨記念くすり博物館	43	ハルミ	66	味噌	81, 87, 91
中冨家	38	バルーンフェスタ	6	味噌五郎どん	131
名護屋城博物館	43	ハレヒメ	66	三谷城の松	123
ナシ	64	東名遺跡	13	みつせ鶏	74, 78
中町商店街	155	干潟交流館なな海	45	御船山楽園のサクラとツツ	
ナツミ	66	肥後ケシアド	98	ジ	158
ナツミカン	64	肥前国府跡	18	ムツゴロウの蒲焼	93
七ツ釜	162	肥前磁器窯跡	19	村岡総本舗羊羹資料館	44
菜畑遺跡	14	肥前茶がゆ	56	メカジャ	70
鍋島(名字)	49	肥前名護屋城	28	もち米	54
鍋島氏	34	肥前名護屋城跡群	19	百手祭り	58
鍋島家(佐賀藩主)	38	肥前びーどろ	117		
鍋島家(肥前鹿島藩主)	39	ヒノヒカリ	53	**や 行**	
鍋島家(小城藩主)	39	百武(名字)	49	焼きがき	70
鍋島家(蓮池藩藩主)	39	ひらひば	62	ヤコ(野狐)	131
鍋島家(佐賀藩家老・藩主		平古家	40	野狐に化かされた話	125
一門白石鍋島家)	39	ビワ	64	山口家住宅	22
鍋島家(佐賀藩親類格・武		フェートン号事件	9	山谷浮立	57
雄鍋島家)	39	深川家	40	大和中央公園花菖蒲園のハ	
鍋島緞通	118	深堀家	40	ナショウブ	160
鍋島直茂	8	ふくらましまんじゅう	61	祐徳稲荷神社 秋季大祭(お	
鍋島直正	9	豚肉とみぞれキウイ	67	火たき)	93
鍋島焼	140	ふつだご	61	ユズ	65
なま皮うどん	62	ブドウ	65	ゆずぽん酢	87
南里(名字)	49	フナの昆布巻き	70	夢しずく	53
仁比山神社大御田祭	107	ふなんこぐい	93	ゆり菓子	99
西川登竹細工	119	麓どり	78	吉野ヶ里遺跡	4, 15
虹ノ松原	4, 162	浮立	57	吉野ヶ里遺跡墳丘墓出土品	
二条大麦	55	フルーツ観光農園	67		21
日本酒	91	ブルーベリー	65	吉野ヶ里歴史公園	43, 163
日本ナシ	64	古湯・熊の川	166	呼子大綱引き	107
煮物しょうゆ	88	ポンカン	64	呼子三神社	110
ネーブルオレンジ	64	梵網経	21	呼子と七ツ釜	4
納富(名字)	49			呼子のイカ	69
のっぺい汁	83	**ま 行**		呼子のイカの活き造り	85
海苔	69, 101	マーコット	65		
		まがんこだご汁	83, 84	**ら 行**	
は 行		マダイ料理	69	李参平	5
化け猫	130	馬渡島	149	龍谷高	136
化け猫伝説	5	松浦佐用姫伝説	5, 124	龍造寺氏	34, 35
波多氏	34	松浦漬	74, 88, 92	龍造寺隆信	8
はだか麦	55	松葉	96	リンゴ	65
八幡神社	111	松原おこし	99	レイコウ	65
はちみつみそ	88	松雪(名字)	49	レモン	64
初歩き	122	松浦党	7, 48	レンコンの炊き込みご飯	57
ハッサク	65	末蘆国	7	ろくべえ	62
花炒り十五日	97	継子と尺八	122		
ハナショウブ	160	丸ぼうろ(芳露、房露)	62,	**わ 行**	
原田家	40	77, 95, 98		若楠ポーク	73
バラ干し海苔	102	三重津海軍所跡	4	若楠ポークのがばい丼	74
ハルカ	66	ミカン	63		

47都道府県ご当地文化百科・佐賀県

令和6年11月30日　発　行

編　者　　丸　善　出　版

発行者　　池　田　和　博

発行所　　丸善出版株式会社
〒101-0051 東京都千代田区神田神保町二丁目17番
編集：電話 (03)3512-3264／FAX (03)3512-3272
営業：電話 (03)3512-3256／FAX (03)3512-3270
https://www.maruzen-publishing.co.jp

© Maruzen Publishing Co., Ltd. 2024

組版印刷・富士美術印刷株式会社／製本・株式会社 松岳社

ISBN 978-4-621-30964-3　C 0525　　　　　Printed in Japan

JCOPY　〈(一社)出版者著作権管理機構　委託出版物〉
本書の無断複写は著作権法上での例外を除き禁じられています．複写
される場合は，そのつど事前に，(一社)出版者著作権管理機構（電話
03-5244-5088, FAX 03-5244-5089, e-mail：info@jcopy.or.jp）の許諾
を得てください．

【好評既刊 ● 47都道府県百科シリーズ】
（定価：本体価格3800〜4400円＋税）

47都道府県・**伝統食百科**……その地ならではの伝統料理を具体的に解説
47都道府県・**地野菜/伝統野菜百科**……その地特有の野菜から食べ方まで
47都道府県・**魚食文化百科**……魚介類から加工品、魚料理まで一挙に紹介
47都道府県・**伝統行事百科**……新鮮味ある切り口で主要伝統行事を平易解説
47都道府県・**こなもの食文化百科**……加工方法、食べ方、歴史を興味深く解説
47都道府県・**伝統調味料百科**……各地の伝統的な味付けや調味料、素材を紹介
47都道府県・**地鶏百科**……各地の地鶏・銘柄鳥・卵や美味い料理を紹介
47都道府県・**肉食文化百科**……古来から愛された肉食の歴史・文化を解説
47都道府県・**地名由来百科**……興味をそそる地名の由来が盛りだくさん！
47都道府県・**汁物百科**……ご当地ならではの滋味の話題が満載！
47都道府県・**温泉百科**……立地・歴史・観光・先人の足跡などを紹介
47都道府県・**和菓子/郷土菓子百科**……地元にちなんだお菓子がわかる
47都道府県・**乾物/干物百科**……乾物の種類、作り方から食べ方まで
47都道府県・**寺社信仰百科**……ユニークな寺社や信仰を具体的に解説
47都道府県・**くだもの百科**……地域性あふれる名産・特産の果物を紹介
47都道府県・**公園/庭園百科**……自然が生んだ快適野外空間340事例を紹介
47都道府県・**妖怪伝承百科**……地元の人の心に根付く妖怪伝承とはなにか
47都道府県・**米/雑穀百科**……地元こだわりの美味しいお米・雑穀がわかる
47都道府県・**遺跡百科**……原始〜近・現代まで全国の遺跡＆遺物を通観
47都道府県・**国宝/重要文化財百科**……近代的美術観・審美眼の粋を知る！
47都道府県・**花風景百科**……花に癒される、全国花物語350事例！
47都道府県・**名字百科**……NHK「日本人のおなまえっ！」解説者の意欲作
47都道府県・**商店街百科**……全国の魅力的な商店街を紹介
47都道府県・**民話百科**……昔話、伝説、世間話…語り継がれた話が読める
47都道府県・**名門/名家百科**……都道府県ごとに名門/名家を徹底解説
47都道府県・**やきもの百科**……やきもの大国の地域性を民俗学的見地で解説
47都道府県・**発酵文化百科**……風土ごとの多様な発酵文化・発酵食品を解説
47都道府県・**高校野球百科**……高校野球の基礎知識と強豪校を徹底解説
47都道府県・**伝統工芸百科**……現代に活きる伝統工芸を歴史とともに紹介
47都道府県・**城下町百科**……全国各地の城下町の歴史と魅力を解説
47都道府県・**博物館百科**……モノ＆コトが詰まった博物館を厳選
47都道府県・**城郭百科**……お城から見るあなたの県の特色
47都道府県・**戦国大名百科**……群雄割拠した戦国大名・国衆を徹底解説
47都道府県・**産業遺産百科**……保存と活用の歴史を解説。探訪にも役立つ
47都道府県・**民俗芸能百科**……各地で現存し輝き続ける民俗芸能がわかる
47都道府県・**大相撲力士百科**……古今東西の幕内力士の郷里や魅力を紹介
47都道府県・**老舗百科**……長寿の秘訣、歴史や経営理念を紹介
47都道府県・**地質景観/ジオサイト百科**……ユニークな地質景観の謎を解く
47都道府県・**文学の偉人百科**……主要文学者が総覧できるユニークなガイド